marebuch

Da staunen Landratten, und selbst Seebären können noch das eine oder andere dazulernen: Was immer Sie über das Meer wissen wollen, steht in diesem Buch. Die MARUM-Fachleute Kirsten Achenbach und Albert Gerdes haben mit maritimer Leidenschaft die besten und unterhaltsamsten Antworten auf Fragen zum unerschöpflichen Thema Wasser und Meer zusammengetragen.

Kirsten Achenbach hat Meeresbiologie studiert (in ihrer Diplomarbeit untersuchte sie das Lernverhalten von Kraken) und war im Anschluss als wissenschaftliche Reiseführerin in der Antarktis und Arktis tätig. Seit Oktober 2001 ist sie am MARUM_Forschungszentrum Ozeanränder an der Universität Bremen, wo sie seit Anfang 2005 hauptverantwortlich und immer wieder gern die beim »Blauen Telefon« eingehenden Fragen beantwortet.
Albert Gerdes studierte u. a. Publizistik und arbeitete als Wissenschaftsjournalist mit Schwerpunkt Meeres- und Polarforschung sowie Geowissenschaften für Hörfunk, Fernsehen und Printmedien wie *Geo-Wissen* und *Bild der Wissenschaft*. Er begleitete wissenschaftliche Expeditionen nach Grönland, in die Antarktis sowie in den tropischen Atlantik. 1997 übernahm Albert Gerdes die Öffentlichkeitsarbeit am MARUM und initiierte die Aktion »Wissenschaft am Telefon«, aus der sich später das »Blaue Telefon« entwickelte.

Unsere Adressen im Internet: www.fischerverlage.de
www.mare.de
www.marum.de

Kirsten Achenbach und Albert Gerdes (Hg.)

Wie viel Wasser hat das Meer?

Die wichtigsten Fragen und Antworten
zu einem unbekannten Universum

Aus der Kolumne der Zeitschrift **mare**:
»Das Blaue Telefon«

Fischer Taschenbuch Verlag
marebuchverlag

Die Herausgeber danken folgenden Co-Autoren, die in der Pressestelle des MARUM_Forschungszentrum Ozeanränder Praktika absolviert haben, sehr herzlich für ihre engagierte Mitarbeit an der Rubrik »Das Blaue Telefon«:

Anne-Careen Stoltze (mare Nr. 39, 40)
Lilith Kuckero (mare Nr. 42, 43)
Tobias Mattfeldt (mare Nr. 46, 50, 52)
Marco Bosch (mare Nr. 50, 58)
Cornelia Reichert (mare Nr. 50 bis 54)
Tina Friderich (mare Nr. 56)
Christian Göttling (mare Nr. 61)

Originalausgabe

Veröffentlicht im Fischer Taschenbuch Verlag,
einem Unternehmen der S. Fischer Verlag GmbH,
Frankfurt am Main, November 2007

Satz: Pinkuin Satz und Datentechnik, Berlin
Druck und Bindung: Druckerei C. H. Beck, Nördlingen
Printed in Germany
ISBN 978-3-596-17723-3

Wie viel Wasser hat das Meer?

Vorwort

Liebe Leserinnen und Leser,

Wie viel Wasser hat das Meer? Warum haben Eisbären eine blaue Zunge? Können Fische pupsen? Warum ist Backbord rot und Steuerbord grün? Wie viele Schiffe gehen alljährlich auf den Weltmeeren unter? Warum sind Albatrosse solche Bruchpiloten?

Seit mehr als zehn Jahren, genauer seit dem mare-Heft Nr. 5, das im Dezember 1997 erschien, konnten die Leserinnen und Leser der Zeitschrift im Rahmen der Kolumne »Das Blaue Telefon« uns alles fragen, was sie schon immer über das Meer wissen wollten. Immer wieder haben Sie unser Wissen und unsere Recherchekünste auf die Probe gestellt. In diesem Buch sind nun die Antworten zu weit mehr als 200 Fragen versammelt, die im Lauf der Zeit beim »Blauen Telefon« eingingen.

Sie kennen alle Das Örtliche oder – besser noch – die Gelben Seiten. Blaue Seiten gab es bislang noch nicht. Das Buch, in dem Sie gerade blättern, soll diese Lücke schließen. Sicher, es ist kein Telefonbuch im herkömmlichen Sinn. Schließlich enthält es – siehe unten – nur eine einzige Telefonnummer. Trotzdem sind wir überzeugt, dass unsere Blauen Seiten mindestens ebenso nützlich und informativ sind wie die der gelben Konkurrenz. Unterhaltsamer sind sie allemal. Das haben wir nicht zuletzt den vielen Leserinnen und Lesern von »mare«, der Zeitschrift der Meere, zu verdanken.

Meere, Klima, Umwelt: Diese Themen waren von Anfang an das Programm der Wissenschafts-Hotline. Ihnen verdankt das »Blaue Telefon« seinen Namen. Im Rahmen der Öffentlichkeitsarbeit am MARUM_Forschungszentrum Ozeanränder an der Universität Bremen, wollen wir eine unkomplizierte, schnelle und direkte Verbindung zwischen den Bürgerinnen und Bürgern und unseren Forscherinnen und Forschern knüpfen. Wissenschaft im Dialog: So lautet unser Motto seit 1997. Unter der Telefonnummer 0800 – 218 218 2 können Sie uns auch heute noch kostenfrei und rund um die Uhr erreichen, um Ihre Fragen zu meeresbezogenen Themen loszuwerden. Sie können uns natürlich auch eine E-Mail schreiben: wat@marum.de. Das Kürzel »wat« steht dabei für »Wissenschaft am Telefon«.

Im Lauf der Jahre haben wir ein umfangreiches Netzwerk zu Fachleuten geknüpft, die behilflich sind, wenn mal wieder eine besonders harte Nuss zu knacken ist. Unser Dank gilt daher nicht nur den Meeresforschern aus Bremen, Bremerhaven und den befreundeten Instituten an Nord- und Ostsee, die uns fundiert über Meeresströmungen und Tafeleisberge informierten. Auch Historiker, Sprach- und Weltraumforscher haben sich um das »Blaue Telefon« verdient gemacht. Ganz abgesehen von dem Korvettenkapitän der Bundesmarine, der uns auf die Sprünge hilft, wenn es um Nautik im weitesten Sinn geht und Leser etwa wissen wollen, warum die Tellermützen von Marinematrosen Bänder haben. Stellvertretend für viele Einrichtungen geht ein weiteres Dankeschön an das Bundesamt für Seeschifffahrt und Hydrographie. Wenn es um das komplexe Thema Gezeiten und um die Beantwortung etwa der Frage geht, warum im Golf von Thailand das Hochwasser nur einmal täglich eintritt, sind die Kollegen in Hamburg unschlagbar. Ebenso wie jener Bremer Zahnarzt, der uns erklärte, warum man seine Zähne tunlichst mit Zahnpasta statt mit fluoridhaltigem Meerwasser putzen sollte.

Für dieses Buch haben wir viele Antworten überarbeitet und aktualisiert. Natürlich war die Versuchung bisweilen groß, den knappen Textrahmen, der uns von der mare-Redaktion gesetzt wird, zu sprengen: Über das Verhältnis von Wellenwiderstand und Schiffsgeschwindigkeit könnte man sich, ein Physikstudium vorausgesetzt, seitenweise auslassen. Doch gerade darum geht es nicht. Wir möchten möglichst viele Facetten des Meeres beleuchten: kurz und knapp, informativ und unterhaltsam. Eine Stichwortliste am Ende des Buchs bietet Ihnen eine schnelle Orientierung.

Wir hoffen, dass es Ihnen mit diesem Buch so geht wie uns bei den Recherchen: Immer wieder fühlen wir uns als maritime Schatzgräber, die von den großen und kleinen Entdeckungen in der weiten Welt der Meere fasziniert und begeistert sind. In diesem Sinn wünschen wir Ihnen vergnügliche Aha-Erlebnisse.

Kirsten Achenbach und Albert Gerdes

MARUM
DFG-Forschungszentrum Ozeanränder
an der Universität Bremen

marum

A

Wie kommen die *Aale* aus der Sargassosee ins Zwischenahner Meer?

Erstaunlicher noch als der Vogelzug erscheint die Wanderung der Aale. Im Lauf von etwa drei Jahren driften ihre winzigen Larven mit dem Nordatlantikstrom aus der Sargassosee südlich der Bermudas über mehr als 6000 Kilometer bis vor unsere Küsten. Als zehn Zentimeter kleine Glasaale sammeln sich die Fische im Brackwasser von Elbe, Weser und Ems, um von dort in Schwärmen flussaufwärts zu ziehen. Was die Zwischenahner Aale angeht, so schwenken diese südlich von Leer in die Leda ein, einen kleinen Nebenfluss der Ems. Weiter flussaufwärts sind sie auf Kanalsysteme wie Barßeler und Godensholter Tief angewiesen, um ihr Ziel, den drittgrößten Binnensee Norddeutschlands, zu erreichen. Dort erlischt ihr Wandertrieb, und sie entwickeln sich zu etwa 30 Zentimeter langen, standorttreuen Gelbaalen. Diese werden vor Ort zwar von Hobbyfischern gefangen, die bekannten Zwischenahner Räucheraale stammen heute indes aus Zuchtbetrieben, die die Aale lebend in großen

Tanks anliefern. Denn der Bestand im Zwischenahner Meer kann die Nachfrage längst nicht mehr decken.

Ich habe neulich *Adlerfisch* gegessen.
Um welchen Fisch handelt es sich dabei?

Das von Carl von Linné im 18. Jahrhundert entwickelte System der zweiteiligen Nomenklatur stellt sicher, dass jede Lebewesenart tatsächlich einen eigenen Namen erhält. Doch nicht alle halten sich an diese Systematik. Das *Verzeichnis über Handelsbezeichnungen für Erzeugnisse der Fischerei und Aquakultur* des Bundesministeriums für Ernährung, Landwirtschaft und Verbraucherschutz regelt, unter welchen Bezeichnungen Meerestiere in Deutschland verkauft werden dürfen. Als »Adlerfisch« gelten insgesamt zwölf Arten aus sieben Gattungen. Sie alle schmecken ähnlich – ein wichtiges Kriterium – und gehören der 250 Mitglieder zählenden Familie der Umber- oder Trommelfische an. Diese werden so genannt, weil sie mit speziellen Muskeln ihre verzweigte Schwimmblase zum Schwingen bringen. Das erzeugt ein noch aus mehreren Metern Tiefe vernehmbares Trommeln oder Krächzen. Die bei uns auf den Teller gelangenden Arten werden 50 Zentimeter bis über zwei Meter lang und stammen überwiegend aus den Gewässern vor Afrikas Westküste. Auffälligstes Merkmal dieser Barschartigen sind die beiden getrennten, aber dicht hintereinander stehenden Rückenflossen, von denen die hintere deutlich länger ist. Brust- und Bauchflossen sind etwa gleich groß, zwei Stachelstrahlen verstärken die Afterflosse.

Warum sind *Albatrosse* Bruchpiloten?

»Jetzt gehöre ich zu einem höheren Kult der Sterblichen, habe ich doch den Albatros gesehen!«, jubelte 1912 der Vogelforscher Robert Cushman Murphy auf seiner ersten Südatlantikreise. Doch so majestätisch Albatrosse in der Luft sind, so unbeholfen wirken sie oft an Land. Denn diese Vögel sind fürs Fliegen gebaut. Selbst die kleinsten Arten haben eine Spannweite von zwei Metern. 95 Prozent ihrer Zeit verbringen sie über und auf dem Meer, bis zu 90 Prozent davon fliegend. Dabei schlägt ihr Herz langsamer, als wenn sie auf dem Wasser sitzen. Ihr Energiebedarf im Flug ist so niedrig wie beim Brüten. Nach dem Flüggewerden verbringen Wanderalbatrosse bis zu elf Jahre auf See, ohne ein einziges Mal festen Boden unter den Füßen zu haben. Ein Vogel von 55 Jahren hat, nach vorsichtiger Schätzung, sechs Millionen Kilometer Flugstrecke hinter sich, das macht bis zu 1000 Kilometer am Tag. Doch ihre spektakulären Bruchlandungen rühren nicht allein von mangelnder Übung: Die langen, schmalen Flügel eignen sich zwar bestens für sparsames Segeln. Doch um immerhin zwölf Kilogramm sanft zu landen, fehlt ihnen die Bremswirkung. Zu Wasser bremsen ihre großen Füße sie langsam ab; an Land dagegen stolpern sie oft in eine unfreiwillige Rolle vorwärts.

Woher haben *Ammenhaie* ihren Namen?

Eine Amme versorgt, behütet und beschützt Kinder – ein rundum positives Image. Ein Hai hingegen steht eher im Ruf, ein gefährlicher Räuber zu sein. Was, bitte, ist dann ein Ammenhai? So heißt eine Gattung friedlicher, lebendgebärender Meeresbewohner. Ihr Name stammt aber nicht von ihrem Wesen. Der deutsche Name ist eine Übersetzung der englischen Bezeichnung »Nurse Shark«. Diese leitet sich wiederum von dem Ausdruck »huss« ab; so nannte man im 15. und 16. Jahrhundert Katzenhaie und ähnliche Fische. Durch Zusammenziehung des unbestimmten Artikels »a(n)« mit dem Nomen »huss« entstand mit der Zeit »nurse«. Während dieser Zeit bekamen dann die neu entdeckten Ammenhaie ebenfalls diese Bezeichnung. Ammenhaie verbringen tagsüber viel Zeit auf dem Meeresgrund und lassen sich nicht so schnell aus der Ruhe bringen. Eigenartigerweise führt gerade ihre ruhige Art zu Verletzungen. Ihr passives Verhalten reizt anscheinend manche Menschen dazu, sie so lange zu ärgern, bis sie zubeißen. Zum Glück ist dabei offenbar noch niemand umgekommen, obwohl Ammenhaie ähnlich einer Bulldogge ihren Biss nicht so schnell lockern.

Wie können *Aquarien*, wie zum Beispiel das in Lissabon, Raub- und Beutefische, im selben Becken halten?

Die Antwort auf diese naheliegende Frage verdanken wir Jürgen Lange, dem ehemaligen Direktor des Berliner Zoologischen Gartens. »Für ein Aquarium liegt das Geheimnis jeder Vergesellschaftung von großmäuligen und kleineren Fischen in der Fütterung, denn satte Fische machen keine Beute«, erklärt Lange. Die größeren Fische werden einzeln von Tauchern gefüttert. In Lissabon misst das Becken 33 mal 33 Meter. Es ist also groß genug, um Beutefischen die Chance zu geben, den nötigen Abstand zu ihren Feinden zu halten. Das Lissaboner Aquarium wendet zudem einen optischen Kniff an. Die Ecken des quadratischen Open Ocean Tank sind abgetrennt und dienen als Landschaftsbecken und damit als Schutzraum für kleinere Fische. Durch die Glasscheiben wirken die Beckenbereiche jedoch wie Teile des großen Beckens. Im Übrigen wird der Bestand der

Fische in solchen Großbecken weniger durch Haie gefährdet als vielmehr durch die alles verschlingenden Zackenbarsche.

Wie kam der *Ärmelkanal* zu seinem Namen?

Die Bezeichnungen für die Meerenge zwischen den Britischen Inseln und Kontinentaleuropa, die in den verschiedenen Ländern gebraucht werden, sind vielfältig. Während die Briten, übrigens auch die Skandinavier, vornehm schlicht vom »English Channel« reden, nennen zum Beispiel die Franzosen sie »La Manche«, Isländer sagen »Ermarsund« und Deutsche – übersetzt – »Ärmelkanal«. Wann genau dieser Begriff aufkam, lässt sich nicht eruieren. Der Name des Atlantikarms (!) rührt jedoch zweifellos von seiner Form her. Denn wie ein zunehmend enger geschnittener Ärmel verringert sich seine Breite von West nach Ost von maximal 180 Kilometer auf 34 Kilometer zwischen Dover und Calais. Deutlich wird dies bei einem Blick in den Atlas. Trotz ihrer Fläche von etwa 75 000 Quadratkilometern kommt es in der vielbefahrenen Passage oft zu Engpässen. Daher ist sie auch – wie eine normale Straße – in zwei Fahrspuren mit breitem Mittelstreifen getrennt. Dieses sogenannte Verkehrstrennungsgebiet unterliegt strengen Regeln, vor allem, was das Queren betrifft. Ampeln gibt es allerdings keine, sodass dies den Navigatoren bisweilen heftigen Stress verursacht, und dann reagieren sie manchmal so, wie man es sich nicht wünscht: hemdsärmelig.

Was ist ein *Aschkapitän?*

Als sie eine Familienchronik erstellte, stieß eine mare-Leserin auf einen Vorfahren, der 1783 in Danzig geboren worden war und einen mysteriösen Beruf ausübte: Aschkapitän. In modernen Lexika ist der Begriff unauffindbar, und auch sämtliche Suchmaschinen des scheinbar allumfassenden World Wide Web halfen nicht weiter. Reinhard Goltz vom Bremer Institut für Niederdeutsche Sprache hingegen wurde fündig im 1882 erschienenen *Preussischen Wörterbuch*. Hier heißt es: »Aschkapitän; derjenige, welcher mit dem Ausmessen und Verpacken von Pottasche zu tun hat.« Die Autoren des Werkes beziehen sich dabei auf einen Artikel in den *Neuen Preussischen Provinzialblättern* aus dem Jahr 1852 und merken an, dass es sich um einen Begriff aus der Danziger Mundart handelt. Ob Aschkapitän eine offizielle Berufsbezeichnung war, ist fraglich. »Möglicherweise hatte der Begriff im Volksmund einen eher ironischen oder abwertenden Beiklang«, meint Goltz. Wie auch immer, der Aschkapitän fuhr nie zur See; er hatte stattdessen dafür zu sorgen, dass der Nachschub an Pottasche, chemisch Kaliumcarbonat, als Rohstoff für die Herstellung von Glas und Seifen nicht abriss.

Ist Wasser bei Druck komprimierbar? Wie wirkt sich dies auf den *Auftrieb* im Meer aus?

Wasser und andere Flüssigkeiten sind zwar lange nicht so einfach zusammenzudrücken wie Gase, aber auch sie geben nach, wenn der Druck hoch genug ist. Weil aber das Volumen abnimmt, erhöht sich die Dichte (gemessen in Kilogramm pro Kubikmeter). So hat Wasser bei einer potenziellen Temperatur von zehn Grad Celsius und einem Salzgehalt von 35 Promille in zehn Metern Tiefe eine Dichte von 1027 Kilogramm pro Kubikmeter; in 1000 Meter Tiefe ergibt sich eine Dichte von 1031 kg/cbm, während die Dichte in 10000 Metern Tiefe auf 1068 kg/cbm ansteigt. Schaut man das Volumen an, so ändert sich die

Kantenlänge eines Würfels Meerwasser von einem Zentimeter an der Oberfläche auf etwas mehr als 9,5 Millimeter in 10 000 Meter Tiefe, also etwa um fünf Prozent. Da ein Taucher selbst zu etwa 75 Prozent aus Wasser besteht, das sich genauso verhält, ist diese Elastizität des Wassers kaum ein Problem. Zumal er sich nur in relativ geringen Meerestiefen aufhält. Allerdings beeinflusst sie den Auftrieb von allen Dingen, die sich bei Druck anders verhalten als Wasser. Auch für große Tauchroboter, wie das Quest des MARUM, ändert sich nicht viel, obwohl es bis auf 4000 Meter abtaucht. Volker Ratmeyer, Projektleiter des Quest berichtet: »Wir haben einen Standard-Auftriebskörper, den wir nur verändern, wenn wir das Gewicht des Roboters selbst verändern.« Der Roboter kann den veränderten Auftrieb durch seine Motoren ausgleichen. Der eigene Auftrieb des Roboters wird durch die höhere Dichte des Wassers größer, da er aus festen Materialien besteht, die zwar ebenfalls komprimiert werden, aber wesentlich weniger als das Wasser. Warum das so ist, ist leicht vorstellbar. In einem Gas sind pro Volumeneinheit vergleichsweise wenige Atome, setzt man sie unter Druck, so rücken sie einfach enger zusammen – das Gasvolumen nimmt ab. Bei Flüssigkeiten ist der Abstand der Atome schon wesentlich geringer, es braucht mehr Druck, um sie merklich zu verdichten, und noch mehr Druck braucht man bei festen Stoffen.

B

Wie überleben *Baikalrobben* im Winter, wenn der See zugefroren ist?

Der Baikalsee, mit 1620 Metern der tiefste See der Welt, ist ein faszinierendes Ökosystem. Er bietet auch Lebensraum für die Baikalrobbe, eine Meeressäugerart, die sich von ihren arktischen Verwandten durch ein helleres Fell und ein deutlich größeres Blutvolumen unterscheidet. Wenn die Durchschnittstemperaturen im Januar und Februar auf minus 19 Grad Celsius fallen, schließt sich die Eisdecke des Sees und bricht erst im Mai wieder auf. Um Sauerstoff aufzunehmen, müssen die Nerpas, wie die Baikalsäuger genannt werden, Atemlöcher im Eis offen halten. Ihre scharfen Krallen sind dafür das geeignete Werkzeug. So schaffen es die Tiere, von denen vermutlich weit weniger als 100 000 im Baikalsee leben, die mehr als einen Meter mächtige Eisdecke stellenweise durchlässig zu halten. Schneewehen nahe den Atemlöchern sind geeignete Rückzugsräume, in denen Muttertiere ihre gelb-grünlich gefärbten Robbenbabys gebären. Um den Nachwuchs aufzuziehen, gehen Nerpas auf Tauchgänge, die länger als eine Stunde dauern können. Dabei entwickeln Nerpas Appetit: Drei Kilogramm Fisch sind ihre tägliche Ration.

Wenn eine Besatzung ihr havariertes Schiff auf hoher See verlässt und dieses von einer anderen Crew übernommen wird, wem gehört dann das Schiff?

»Auch auf hoher See können Sie baden gehen« – mit diesem Slogan wirbt die Deutsche Gesellschaft zur Rettung Schiffbrüchiger um Sympathie und Spenden. Wenn ein Schiff in Küstennähe in Seenot gerät, sind die Seenotretter meist schnell zur Stelle. Fernab der Küsten sind es jedoch häufig andere Schiffe, die dem Havaristen zu Hilfe eilen. Gerät ein Schiff auf hoher See in Gefahr, wird es der Kapitän sicher nur dann aufgeben, wenn er keine Wahl mehr hat. Geht der Kapitän nach altem seemännischem Brauch dann als Letzter von Bord, so gibt er in aller Regel auch seine Verfügungsgewalt über das Schiff auf. Danach steht es anderen Besatzungen frei, das Schiff zu übernehmen und zu versuchen, es in Sicherheit zu bringen. In diesem Fall sind die Berger nach juristischer Definition zwar Besitzer, sogenannte Sachherren, des Havaristen, das Eigentum geht jedoch nicht auf sie über. Vielmehr werden sich Kapitän oder Reederei mit dem Eigner des Havaristen in Verbindung setzen und einen nach Wert von Schiff und Ladung zu bemessenden ***Bergelohn*** einfordern. Können die Parteien sich nicht über dessen Höhe einigen, müssen sie das Seeschiedsgericht anrufen.

Warum findet man auf der Ostseeinsel Bornholm keinen *Bernstein*?

Bernstein kommt – wenngleich seltener – auch auf Bornholm vor. Allerdings findet man ihn am ehesten nach den

Stürmen in Herbst und Frühjahr – nicht die beliebteste Reisezeit für Bornholm. Vor 40 Millionen Jahren erstreckte sich der sogenannte Bernsteinwald vermutlich von Bornholm nach Nida in Litauen und vom estnischen Tallinn bis Stockholm. Die Bäume produzierten Harz, in dem Insekten, Spinnen und Samen eingeschlossen wurden. Nachdem durch einen Anstieg des Meeresspiegels der Wald abgestorben war, spülte das Meer das Harz fort. Die zu Bernstein verhärteten Harzstücke sammelten sich in ruhigen Meeresbecken, zum Beispiel vor dem heutigen Danzig oder im Samland. In dem blaugrünen tonigen Sand, der heute als »blaue Erde« bezeichnet wird, lagern vermutlich bis zu eine Million Tonnen Bernstein. »Blaue Erde« ist durch Umlagerungen von Kiew bis England verbreitet, sodass baltischer Bernstein in ganz Nordeuropa gefunden wird. Reiche Vorkommen liegen bei Kaliningrad in Russland, das deshalb auch »das blaue Land« genannt wird. Dort werden 90 Prozent des weltweit gehandelten Bernsteins abgebaut.

Wie viele *Blauwale* gibt es eigentlich noch?

Ein Herz so groß wie ein VW Käfer, eine Arterie, durch die bequem ein Mensch krabbeln könnte, bis zu 200 Tonnen Gewicht bei 33 Meter Länge – der Blauwal ist das größte Geschöpf, das es je auf unserer Erde gab. Und groß ist auch sein Appetit: Etwa 100 Kilogramm hauptsächlich Leuchtgarnelen, auch Krill genannt, verschlingt er auf einmal, bis zu vier Tonnen täglich. Feinde hat der Riese keine – außer dem Menschen. Von dem 1926 auf 200 000 Tiere geschätzten Bestand lebt nur noch ein Bruchteil. Allein 1931 schlachteten Walfänger in der Antarktis 29 000 Blauwale ab: für Lampenöl und Korsettstangen. Erst seit 1986 ist der Blauwal geschützt. Heute machen ihm

Unterwasserlärm und Klimawandel zu schaffen. Wie viele Blauwale noch durch die Meere ziehen, lässt sich kaum bestimmen; zu selten begegnen wir ihm, wenn er zum Atmen auftaucht. Die Schätzungen schwanken zwischen 700 und 4900 Tieren – nicht genug, glauben Forscher, um die Art zu erhalten. Denn Blauwale vermehren sich nur langsam. So groß sie auch sind, in den Weiten der Ozeane fällt es selbst ihnen schwer, einen Partner zu finden.

Was ist *»Blubber«*?

Als Blubber wird die Fettschicht von Walen und Robben bezeichnet, die sie vor Auskühlung in ihrem wenige Grad Celsius kühlen Lebensraum schützt. Thomas Orthmann, Meeressäugerexperte aus Kiel, schreibt uns zur Herkunft des Begriffs: »Die deutsche Verwendung resultiert aus der Übernahme des amerikanischen Wortes ›blubber‹. Dort wird es als ›Walspeck‹ verstanden, meint aber generell auch ›Wabbelspeck‹. Uns fehlt im Deutschen ein Begriff für die Speckschicht der Meeressäuger, sodass wir in Fachkreisen das Wort ›Blubber‹ verwenden.« Denkbar ist indes, dass der Begriff zur Zeit des frühen Walfangs im 17. Jahrhundert von friesischen Walfängern geprägt und ins Englische übernommen wurde. Darauf deutet ein Eintrag im *Oxford Dictionary of English Etymology*, in dem die lautmalerische Entstehung des Wortes aus dem Plattdeutschen nicht ausgeschlossen wird. Es ließe sich also spekulieren, ob friesische Seeleute den Begriff im Zusammenhang mit dem Blubbern des Walspecks in den Trankochereien auf Jan Mayen und Spitzbergen prägten. Immerhin findet sich ein entsprechender Eintrag im *Wörterbuch der ostfriesischen Sprache* von 1879. Auch dort wird der »weiche, fetttriefige Walfischspeck« »Blubber« genannt.

Stimmt es, dass der Salzgehalt des Meerwassers und der des menschlichen Körpers nahezu identisch sind?

Nein, das ist nicht richtig. Im Meerwasser sind je Liter durchschnittlich 34,7 Gramm Salze gelöst, umgerechnet also 3,47 Prozent. Chlor mit 19,2 Gramm und Natrium mit 10,7 Gramm je Liter haben daran den größten Anteil. Blut besteht zu 45 Volumenprozent aus festen Bestandteilen, den Blutzellen, und zu 55 Volumenprozent aus flüssigem Plasma. Dessen Wasseranteil wiederum liegt bei 90 Prozent. Bemerkenswert ist, dass der ***Blutsalzgehalt*** unter einem Prozent liegt. Der Salzgehalt im Blut ist also wesentlich geringer als der des Meerwassers. Daraus resultiert die Trinkwassernot von Schiffbrüchigen. Wenn sie ihren Durst mit Meerwasser löschen, bekommen sie ernste Probleme: Sie nehmen zu viele Salzionen auf. Zu viel Salz ist jedoch schädlich, und so wird das überschüssige Salz mit körpereigenem Wasser wieder ausgespült. Denn wir können unseren Urin nicht so hoch konzentrieren wie das Meerwasser. So verlieren wir beim Harnlassen mehr Wasser, als wir beim Trinken aufgenommen haben. Dadurch laufen Menschen, die Meerwasser trinken, Gefahr, sehr schnell »auszutrocknen«.

Schiffsgrößen werden in *BRT, BRZ, DWT* oder *TEU* angegeben. Wie passen diese Maße zusammen?

Die Tragfähigkeit von Seeschiffen wurde lange Zeit unterschiedlich gemessen. Erst 1982 trat ein einheitliches Regelwerk, kurz die »Tonnage-Konvention«, in Kraft. Ein bekanntes Maß ist die Bruttoregistertonne. Eine BRT entspricht 2,8316 Kubikmeter. Mit der BRT wird die Größe eines Schiffes ausschließlich der Schiffswände, aber inklusive der von Crew oder Passagieren genutzten Aufbauten bezeichnet.

Eine Nettoregistertonne umfasst den für die Beladung nutzbaren Raum. Mit der neuen Konvention wurde die Bruttoregistertonne jedoch von der sogenannten Raumzahl abgelöst. Als Bruttoraumzahl (BRZ) ist die Größe eines Schiffs in Kubikmetern einschließlich der Schiffswände definiert. Containerschiffe werden nach BRZ oder TEU charakterisiert. Die »Twenty Feet Equivalent Unit« bezeichnet die Anzahl der gut sechs Meter (20 Fuß) langen Standard-Container, die ein Schiff aufnehmen kann. Heute können Frachter wie die 398 Meter lange, 56 Meter breite und im September 2006 an die Reederei Maersk abgelieferte *Emma Maersk* weit über 13000 TEU laden. Übrigens: Die Gesamttragfähigkeit (Ladung plus Ausrüstung plus Bunker plus Proviant) eines Schiffes, das bis zur Lademarke eintaucht, wird als »Deadweight all told« (DWT) bezeichnet und in Tonnen gemessen. Das DWT der *Emma Maersk* beläuft sich auf 156907 Tonnen, ihre BRZ misst 176974 Kubikmeter. Alles klar?

Warum spart der *Bugwulst* bei fahrenden Schiffen Energie ein, und warum findet man ihn nicht bei kleineren Schiffen?

Bugwülste treiben Baukosten in die Höhe, bedeuten mehr Fläche und erhöhen so den Reibungswiderstand. Allerdings lohnt es sich, den Gesamtwiderstand, den ein Schiff überwinden muss, zu berechnen. Und ein Großteil dieses Widerstandes wird von den durch das Schiff erzeugten Wellen mitbestimmt. Ein gut entworfener Wulst ändert die Druckverteilung am Bug und beeinflusst Höhe und Lage der dort entstehenden Wellen positiv. Auch die Zuströmung zum Propeller am Heck kann er verbessern. So trägt die Mehrzahl der Handelsschiffe heute einen Bugwulst. Aber es gibt Ausnahmen: Bei Schiffen, die im Verhältnis zu ihrer Größe sehr schnell fahren, haben dynamische Auftriebskräfte einen wesentlichen Einfluss. Hier würde der Wulst stören. Sportmotorboote zum Beispiel haben daher keinen Bugwulst. Zudem wird jeder Wulst individuell entworfen und ist nur in bestimmten Geschwindigkeitsbereichen effizient. Bei den meisten Handelsschiffen können Wülste den Gesamtwiderstand und damit die erforderliche Antriebsleistung um einige Prozent reduzieren. Das spart Treibstoff, bei einem großen Containerschiff einige hundert Tonnen jährlich.

C

Woher haben die Frachtschiffe der »*Cap San*«-*Klasse* ihren Namen?

Cap San Antonio, Cap San Diego, Cap San Lorenzo, Cap San Augustin, Cap San Marco, Cap San Nicolas – die als »Schwäne des Südatlantiks« bekannten Schiffe waren in den sechziger Jahren der Stolz der Reederei Hamburg-Süd. Ihre Namenspaten waren, entsprechend ihren Routen zwischen Hamburg und Südamerika, Landvorsprünge Südamerikas, wie zum Beispiel das Cabo San Antonio an Argentiniens Küste. Die schlanken, eleganten Linien der Stückgutschiffe mit Kühleinrichtungen erinnerten eher an Megayachten als an Lastschiffe – wohl auch daher begann mit ihnen die goldene Zeit der Frachtschiffreisen. Eine Fahrt an Bord der »Cap San«-Schiffe gehörte zur feinsten Art des Reisens und war nur wenigen vergönnt. Mitte der achtziger Jahre begannen Containerschiffe, die Stückgutfrachter zu verdrängen. Überlebt hat allein die *Cap San Diego*. Buchstäblich in letzter Sekunde rettete der Hamburger Senat sie 1986 in Thailand vor der Verschrottung. Sie liegt heute als größtes schwimmendes

Museum und maritimes Denkmal in Hamburgs Hafen. Noch sechs Containerschiffe fahren unter den traditionsreichen Namen. »Schwäne« sind sie sicher nicht mehr und entsprechend der neuen Hausfarbe der Reederei Hamburg-Süd nicht einmal mehr weiß, sondern rot gestrichen.

Wie können Kraken und Fische ihre Farbe verändern?

Kraken, die wie Steine aussehen, und Schollen, die Schachbrettmuster nachahmen können, nutzen verschiedene Mechanismen. Sowohl Wirbeltiere als auch Wirbellose besitzen in ihrer Haut Hunderttausende einzeln kontrollierbarer ***Chromatophoren***, mit Pigmenten gefüllte Zellen. Konzentriert sich die Farbe in der Mitte der Zellen, scheinen darunter liegende Zellschichten durch. Breitet sich das Pigment jedoch über die ganze Zelle aus, so nimmt diese die Farbe des Pigments an. Im Zusammenspiel mit reflektierenden Zellen reicht die Palette über das Spektrum des ganzen Regenbogens. Der Unterschied zwischen Fisch und Krake liegt in der Art, wie die Pigmente ausgebreitet werden. Bei Fischen wandern sie, durch Hormone stimuliert, an Zellstrukturen entlang. Tintenfische senden über Nerven elektrische Impulse an Ringmuskeln von Pigmentsäcken. Sie ziehen sich zusammen und breiten den Sack aus, sodass einzelne Farbzellen sichtbar werden. Chemische Signale wie bei den Fischen sind träge und schlecht kontrollierbar. Tintenfische hingegen können in Millisekunden ihre Farben ändern und dabei Muster erzeugen, mit denen sie sogar kommunizieren.

Welches ist das größte *Containerschiff* der Welt?

Emma Maersk, so heißt die zurzeit größte Dame der Welt. Nur wenige Meter fehlen ihr zur 400-Meter-Marke. Weit über 13 000 Standard-Containern (TEU) kann sie laden – ein Zug, der sie alle aufnehmen könnte, wäre 86 Kilometer lang. Im September 2006 lieferte die Odense Lindø Werft in Dänemark den Superfrachter mit den eleganten Linien ab. Als die *Emma Maersk* kurz darauf das erste Mal in Bremerhaven anlegte, musste vorher die Wendestelle vor dem Terminal auf 600 Meter erweitert werden. Voll beladen hat sie einen Tiefgang von 16 Metern. Sollte sie jemals so Bremen anlaufen wollen, ginge dies auch nach der für 2007 geplanten Weservertiefung nur mit der Flutwelle unter dem Kiel. Auf der Elbe funktioniert auch das nicht. Eine klassische Kundin also für den Tiefwasserhafen, der in Wilhelmshaven gebaut wird. Nur 13 Mann Besatzung sind laut Angaben der dänischen Reederei Maersk nötig, um mit dem hochautomatisierten Schiff in See zu stechen. Ihr Kapitän Marius Gardastovo ist zufrieden: Als kraftvoll, vertrauenswürdig und leicht zu steuern beschreibt er sie. Angetrieben wird der Riese von einem 14-Zylinder-Dieselmotor mit einer Leistung von 110 000 PS. Einmal die Woche sollen die *Emma* und ihre neuen Schwesterschiffe auf der Asien-Linie in Zukunft Bremerhaven anlaufen. Für die Schlepper-Besatzungen nichts Besonderes: »Es ist im Grunde genommen ein ganz normaler Job, das Schiff ist eben nur etwas größer«, sagte einer der Männer, als zum ersten Mal die etwa 20 Meter hohe Bordwand der *Emma* vor ihm aufragte. Er wird sich an den Anblick gewöhnen, denn der Trend zu immer größeren Schiffen senkt die Kosten pro Containerplatz an Bord enorm und macht so die Schiffe wirtschaftlicher. »Innerhalb der nächsten zehn Jahre bis 2017 gehen wir bei vorsichtiger Schätzung von einer Verdopplung des Containervolumens für die vier großen nordeuropäischen Häfen, Rotterdam, Hamburg, Antwerpen und Bremerhaven, aus«, sagt Rüdiger Staats, Pressesprecher der Hafengesellschaft bremenports.

Kein Wunder, dass die Containerschiffe immer schneller wachsen müssen, um mit dieser Entwicklung Schritt halten zu können. Allein im Zeitraum von Februar 2005 bis September 2006 wechselte der Titel »größtes Containerschiff der Welt« siebenmal den Träger. Die *Emma Maersk* braucht jedoch auf absehbare Zeit nicht um ihren Titel zu fürchten – in den Auftragsbüchern der Werften findet sich auf Jahre nichts, das ihr auch nur nahe kommt. Während ihre sechs Vorgänger zusammen die Ladekapazität seit Anfang 2002 nur um etwa 2000 Container nach oben drückten, hat sie alleine den Rekord um gut 4000 TEU angehoben.

Verursacht die *Coriolis-Kraft* den Wirbel in der Badewanne?

Das Gerücht, dass ablaufendes Wasser in der Badewanne den Gesetzen der Coriolis-Kraft gehorcht, hält sich hartnäckig. Der Einfluss der Coriolis-Kraft in einer normalen Badewanne ist allerdings so gering, dass schon ein Lufthauch sie aushebeln kann. Und erst recht die chaotischen Strömungsverhältnisse, die wir erzeugen, wenn wir aus der Wanne steigen. Erst in einer Badewanne von der 500fachen Größe einer normalen würde sich der Effekt der Coriolis-Kraft zuverlässig nachweisen lassen. Dies ergaben Berechnungen des Mathematikers Michael Page von der australischen Monash University. Die Coriolis-Kraft ist ein Effekt, der durch die Erdrotation verursacht wird. Ein Punkt am Äquator legt während einer Erdumdrehung rund 40 000 Kilometer zurück. Der Erdumfang nimmt zu den Polen hin ab, die Anzahl der Umdrehungen aber natürlich nicht. Daher legt ein Punkt weiter polwärts in derselben Zeit einen entsprechend kürzeren Weg zurück. Er ist also vergleichsweise langsamer als ein Punkt am Äquator. Bewegt sich eine Masse Richtung einem der Pole, wird sie durch diese Geschwindigkeitsunterschiede abgelenkt – auf der Nordhalbkugel in Bewegungsrichtung nach rechts, auf der Südhalbkugel nach links. Demzufolge würde sich der Wirbel über dem Stöpsel in einer überdimensionalen Badewanne auf der Nordhalbkugel mit dem Uhrzeigersinn, auf der Südhalbkugel gegen den Uhrzeigersinn drehen.

Gibt es eine genaue Erklärung für den Begriff *Dämmerung*?

Im allgemeinen Sprachgebrauch erscheint der Begriff Dämmerung sehr unscharf. Auch in vielen Lexika wird die Übergangszeit zwischen voller Tageshelligkeit und vollständiger Nachtdunkelheit nicht exakt definiert. In nautischen Handbüchern jedoch finden sich genaue Erklärungen, vielleicht, weil der Übergang zwischen Tag und Nacht auf See besonders präzise verfolgt werden kann. Nur hier präsentiert sich der nicht verbaute Horizont als Bühne für ein immer wieder faszinierendes und facettenreiches Spiel der Farben. Für den Beobachter auf See beginnt laut der offiziellen Definition der Sonnenuntergang dann, wenn die Unterkante der Sonne die Horizontlinie berührt. Der Sonnenuntergang läutet die sogenannte Bürgerliche Dämmerung ein. Sie endet, wenn unser Zentralgestirn in einem Winkel von sechs Grad unter dem Horizont steht. Die nächste Phase der werdenden Nacht heißt Nautische Dämmerung. Sie dauert vom Ende der Bürgerlichen Dämmerung bis zu dem Zeitpunkt, an dem unser Himmelslicht zwölf Grad unter dem Horizont steht und die Kimm, also die Horizontlinie, nicht mehr zu erkennen ist. Mit der Astronomischen Dämmerung ist das endgültige Ende eines Tages gekommen. Sie schließt an die Nautische Dämmerung an und endet bei einer Sonnenhöhe von achtzehn Grad unter dem Horizont. Bei diesem Sonnenstand ist am Himmel kein Reststreulicht mehr zu erkennen. Es ist tatsächlich zappenduster.

Auf Barbados habe ich einmal einen »*Dolphin*« gegessen. War das etwa ein Delphin?

Ihre Befürchtung ist unbegründet. Im Englischen verbirgt sich hinter der Gattungsbezeichnung »common dolphinfish« – nomen est omen – tatsächlich ein Fisch und keineswegs ein Säugetier, zu denen ja auch die Delphine zählen. Man hat Ihnen eine Große Goldmakrele serviert, auf Spanisch »Dorado«, zoologisch als *Coryphaena hippurus* bezeichnet. Meist wird die aufgrund ihrer Kopfform etwas bullig wirkende Makrele wenig mehr als einen halben Meter groß. Ältere Tiere können indes eine Länge von fast zwei Metern und ein Gewicht von bis zu 40 Kilogramm erreichen. In Belize, dem früheren Britisch-Honduras, sind die farbenprächtigen Tiere als Speisefische so beliebt, dass sie bereits 1968 auf einer 15-Cent-Briefmarke verewigt wurden.

Woher rührt die Bezeichnung »*Duckdalben*«?

Beim Betrachten alter Hafenfotos fallen einem die Duckdalben, für die die Wasserbauer meterlange Eichenstämme verwandten, sofort ins Auge. Teils senkrecht, teils schräg wurden für jeden Dalben, je nach Anforderung an die Anlegestelle, bis zu zwei Dutzend Holzpfähle in den Schlick gerammt. Heute sind die Dalben zumeist aus Stahl. Ökonomische Überlegungen spielen dabei die Hauptrolle. In deutschen Ostseehäfen zum Beispiel zersetzt die Bohrmuschel die Holzdalben über kurz oder lang. Nur nebenan, im Nord-Ostsee-Kanal, werden weiterhin 16-pfählige Dalben aus bis zu 18 Meter langen Lärchenstämmen gebaut. Der Ursprung des Begriffs Duckdalben lässt sich leider nicht eindeutig klären. *Der Brockhaus* vermutet, dass das Wort in Zusammenhang steht mit dem niederländischen »duken« für »tauchen« und »dallen« für »Balken«. In Kluges *Etymologischem Wörterbuch* wie auf vielen Internetseiten wird der Herzog von Alba (frz.: Duc d'Albe) ins Spiel gebracht, der von 1567 bis 1573 Statthalter der spanischen Krone in den Niederlanden war. Denkbar ist, dass er Pfähle verwandte, um bedarfsgerecht und taktisch flexibel sichere Schiffsanlegestellen zu schaffen. Belege dafür sind in historischen Archiven indes nicht zu finden.

Warum gibt es an der Mittelmeerküste keine *Dünen*?

»Auflandige Winde, flach zum Meer hin abfallende Küsten, ausgeprägte Strömungen und sandige Meeresböden: Das ist die Rezeptur für eine von Dünen geprägte Küstenlandschaft«, sagt der Bremer Geowissenschaftler Till Hanebuth. Die Nordseeküste bietet all diese Voraussetzungen. Wind, Wellen und Gezeitenströme transportieren gewaltige Mengen Sand auf die flachen Küsten zu. So bildeten sich in den letzten Jahrtausenden von Holland bis zur Nordspitze Dänemarks weite Dünengürtel aus. Anders ist die Lage am Mittelmeer. Dort fallen viele Küsten steil ab; auch sind Gezeiten und Strömungen wesentlich schwächer ausgeprägt. Dennoch gab und gibt es auch rund um das Mittelmeer beeindruckende Dünenlandschaften: An Spaniens Costa Blanca etwa zwischen Cartagena und Alicante liegen die Dünen von La Marina, nicht weit entfernt die von Pinien bedeckten Dunas de Guardamar. Doch gerade in Spanien sind viele Dünen in den sechziger und siebziger Jahren Opfer des Tourismus geworden: Wo sich einst Dünenzüge erhoben, sind inzwischen Hotelburgen und Sportboothäfen aus dem Sand gewachsen.

Wie unterscheiden sich *Dünung* und *Windsee* voneinander?

Nomen est omen, das gilt auch für die Windsee. Sie bezeichnet den Wellengang, der durch lokal vorherrschende Winde verursacht wird. Generell ist sie durch spitze Wellenkämme gekennzeichnet. Zudem unterscheiden sich die einzelnen Wellen in Höhe und Länge deutlich voneinander. So bringen labile Kaltluftlagen höhere Windseen mit sich als stabiles Warmluftwetter. Dagegen sind Dünungswellen deutlich länger als die der Windsee und stark abgerundet. Dünungswellen können mehrere Meter Höhe erreichen und ein Schiff selbst bei Windstille zum Schaukeln bringen. Sie sind Sendboten von Stürmen, die fern vom aktuellen Schiffsstandort gewütet haben. Da sich diese Wellen schneller voranbewegen als das sie verursachende Schlechtwettergebiet, können sie auch einen heraufziehenden Sturm ankündigen. Besonders unangenehm, zumal für kleinere Boote, wird es, wenn Dünung und Windsee aus unterschiedlichen Richtungen aufeinander zulaufen. Dann entstehen kabbelige Kreuzseen, die auch einem gestandenen Seebären zusetzen können.

Warum laufen Strandkrabben seitwärts?

Dwarslöper, Querläufer, heißen sie auf Plattdeutsch. Einige hundert Krebsarten besitzen Körper, die breiter als lang sind. Trotzdem besitzen auch sie, wie alle Mitglieder der Ordnung der Zehnfußkrebse, an den Seiten bis zu fünf Beinpaare. Um mit den eng zusammenstehenden Beinen nicht durcheinanderzugeraten, laufen sie selten vorwärts, sondern meist seitwärts. Ihr Kalkpanzer, der auch die Beine umschließt, lässt ihnen keine Wahl. Die Gelenke zwischen Körper und Bein geben nur geringen Spielraum. Würden sie ihre Beine schnell vor und zurück bewegen, würden sie bald über ihre eigenen Beine stolpern oder könnten nur kleine Schritte machen. Da sie aber auf dem Speiseplan vieler Tiere ganz oben stehen, müssen sie schnellfüßig sein. Ihre langsameren Verwandten, Hummer und Garnelen, können ihren Schwanz schlagartig unterklappen und so rückwärts fliehen. Auch die Ahnen der Dwarslöper hatten solche Schwänze. Sie haben diese aber nicht gepanzert, sondern dauerhaft eingeklappt, bis sie verkümmerten. Warum sich der Körper einiger Krebstiere im Lauf der Evolution so entwickelt hat, ist noch unklar. Sicher ist nur, dass die ungewollte Komik ihrer Fortbewegung schon so manchen Strandbesucher erheitert hat.

E

Woher hat der bretonische Leuchtturm *Eckmühl* seinen Namen?

Eckmühl – das ist kein Name, den man mit der Bretagne verbinden würde. Und doch steht dort der *Phare d'Eckmühl*, einer der schönsten und mit seinen 65 Metern auch einer der höchsten Leuchttürme Frankreichs. Seine Geschichte beginnt am 22. April 1809 in dem kleinen niederbayerischen Ort Eggbühl. Louis Nicolas Davout erobert für Napoleon Schloss Eggbühl und wird dafür von seinem Feldherrn – in leichter Abwandlung – zum Prinzen von Eckmühl ernannt. Gut 80 Jahre später stirbt seine Tochter, die Marquise de Blocqueville, in Paris. Sie hinterlässt dem Staat 300 000 Franc, um an einer der gefährlichsten Stellen der französischen Atlantikküste einen Leuchtturm zu errichten. Er soll – im Gegensatz zu dem von ihr verabscheuten Krieg – Leben retten. Einzige Bedingung: Der Turm muss solide gebaut sein und den Namen ihres Vaters tragen. Man beschließt, mit dem Geld den alten, zu niedrigen Leuchtturm von Penmarc'h zu ersetzen. Noch heute ziert eine Statue des Prinzen von Eckmühl den Raum direkt unter dem mächtigen Linsenapparat. Seit 1897 schickt der Leuchtturm seinen Lichtstrahl fast 50 Kilometer aufs Meer hinaus und geleitet Schiffe sicher in den Hafen.

Warum haben Eisbären eine blaue Zunge?

Tja, der Eisbär hat's schwer. Einerseits muss er, gut getarnt, in Schnee und Eis seine Beute umschleichen. Deshalb das gelblich-weiße Fell. Andererseits muss er in eisiger Kälte überleben. Ein schwarzes Fell wäre da von großem Nutzen, da es das einfallende Sonnenlicht sehr effektiv in Wärmeenergie umsetzen würde. Aber ob der Herrscher der Arktis in solcher Ausstattung auch nur eine einzige Robbe fangen würde? Wie auch immer, die Evolution hat dafür gesorgt, dass die Tiere den Zielkonflikt »Verhungern oder Erfrieren« mit Hilfe eines Tricks lösen konnten: Unter dem weißen Eisbärenfell verbirgt sich eine stark pigmentierte, tiefschwarze Haut. Sie wandelt das über die Haare weitergeleitete Licht in Wärme um. Aber nicht nur die Haut, auch die Schleimhaut, die Zunge eingeschlossen, ist pigmentiert. Daher also das dunkle Blau. Möglicherweise ist die ***Eisbärenzunge*** auch deshalb so dunkel, weil sie besonders stark durchblutet wird. Denkbar ist, dass Eisbären mit Hilfe der Zunge ihre Körpertemperatur regulieren. Tiere, die nicht über die Haut transpirieren können, sind darauf angewiesen, dies über andere Körperteile zu tun. So die hechelnden Hunde, die überschüssige Wärme übrigens auch über die Unterseiten ihrer Pfoten abgeben können. Eisbärenpfoten sind dafür schlecht geeignet. Einerseits sind sie mit einer besonders dicken Hornhaut ausgestattet, damit sich die Tiere auf scharfkantigem Eis bewegen können. Andererseits wäre es nicht sinnvoll, die Pfoten zur Wärmeregulation einzusetzen, da die Bären beim Schwimmen und Laufen viel Wärme verlieren würden. Bleibt als Wärmetauscher also nur die blaue Zunge.

Wie nennt man den Teil des Eisbergs, der nicht die Spitze ist?

Die meisten kennen die Redewendung von der »Spitze des Eisbergs«. Aber die wenigsten kennen die Bezeichnung des darunter liegenden Teils. »Der im Wasser verborgene Teil heißt ***Eisbergkiel***, weiß Jürgen Holfort vom Eisdienst des Bundesamts für Seeschifffahrt und Hydrographie in Rostock. Denn: Form und Farbe – seltener die Größe – von Eisbergen erinnern an majestätisch und lautlos dahinziehende Segelyachten. Und wie bei diesen liegt auch bei den Eisriesen der größte Teil der Masse – bis zu acht Neuntel – unter Wasser. Trotzdem kentern oder rollen Eisberge manchmal. Wellen, Wind und Sonne zermürben sie. Sie schmelzen ungleichmäßig, ihr Schwerpunkt ändert sich, oder sie brechen auseinander. Dabei entstehen unterschiedlichste Größen und Formen. Auch diese haben Namen: Tafeleisberg – wegen der tischglatten Oberfläche –, Bergy Bit oder Growler. Bergy Bits ragen nur ein bis vier Meter aus dem Wasser, sind also keine Berge mehr. Sie sind leicht zu übersehen und daher gefährlich. Growler (vom Englischen growl = knurren), bis zu einem Meter große Brocken, knurren wirklich. Schaukeln sie in den Wellen, wird Luft in Eisspalten komprimiert und verursacht das namengebende Geräusch.

Kann man in der *Elbe* risikolos baden?

Eine »mare«-Leserin wunderte sich, als sie bei Glückstadt an der unteren Elbe Badende erblickte. Noch immer sind Wasser und Sedimente des Stroms mit Schwermetallen, chlororganischen Verbindungen und anderen Schadstoffen arg belastet. So rauschen pro Jahr 1,4 Tonnen Quecksilber den »Bach« herunter; zum Vergleich: 1985 waren es 28 Tonnen. Zwar sammelt sich das Schwermetall im Gewebe der Elbfische an; die Haut des Menschen kann es aber nicht durchdringen. Auch muss niemand, der sich mal am brackigen Elbwasser verschluckt hat, Spätfolgen befürchten. Bei Glückstadt liegen die mittleren Quecksilberkonzentrationen unter 0,09 Millionstel Gramm pro Liter. Auch in Hinblick auf Kolibakterien besteht kaum Grund zur Sorge, da sich salziges Nordseewasser mit Süßwasser aus Ober- und Mittellauf vermischt. Dabei sterben die gefährlichen Fäkalienanzeiger schnell ab. Nur in Abschnitten der Süßwasserelbe werden die Grenzwerte der EU-Baderichtlinie in warmen Sommern immer wieder überschritten. »Von den oft niedrigen Wassertemperaturen einmal abgesehen, steht dem Glückstädter Badevergnügen also nichts im Wege«, bilanziert Michael Bergemann von der Wassergütestelle Elbe.

Welchen Wirkungsgrad haben Generatoren, die Elektrizität mit Hilfe von Meeresströmung erzeugen?

In mare Nr. 25 wurde über das Projekt »Seaflow« berichtet. Ziel: die ***Energiegewinnung*** mit Hilfe eines Rotors, der vom Gezeitenstrom angetrieben wird. Im März 2002 hat ein Team der Universität Kassel vor Englands Südküste eine 350-Kilowatt-Pilotanlage in Betrieb genommen. »Wie bei Windrädern ist auch bei der Wasserströmung der Wirkungsgrad eines frei umströmten Rotors wegen der Energie- und Impulserhaltung auf theoretische 59 Prozent beschränkt«, erklärt Projektleiter Jochen Bard. »Berücksichtigt man die realen Verhältnisse am Rotor sowie Umwandlungs- und Reibungsverluste im Triebstrang, ergibt sich ein realistischer Gesamtwirkungsgrad von etwa 40 Prozent.« Das entspricht in etwa dem Wirkungsgrad von Windkraftanlagen. Allerdings sind die Leistungen der Unterwasserrotoren genauer vorhersagbar. Für Wirtschaftlichkeitsberechnungen und -vergleiche müssen jedoch ohnehin andere Größen zugrunde gelegt werden: die Anzahl der jährlichen Volllaststunden oder die Leistung je Quadratmeter Rotorfläche zum Beispiel. Für Dr. Bard in diesem Zusammenhang besonders interessant: »Ein Unterwasserrotor von 20 Metern Durchmesser leistet bei einer Strömungsgeschwindigkeit von 2,5 Metern pro Sekunde bereits ein Megawatt. Der Rotor einer Einmegawatt-Windkraftanlage hat demgegenüber einen Durchmesser von etwa 54 Metern.«

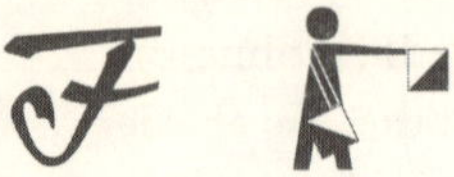

Wieso erstickt ein vulkanisches *Feuer unter Wasser* oder tief im Erdinneren nicht?

Wichtig ist, zwischen Brennen und Glühen zu unterscheiden. Bei dem »vulkanischen Feuer« im Erdinneren handelt es sich nicht um Verbrennungsprozesse, sondern um mehr als 1000 Grad Celsius heiße Gesteinsschmelzen. Verbrennung ist eine chemische Reaktion mit Sauerstoff, bei der Wärme und oft eine sichtbare Flamme entstehen, während Glühen die Ausstrahlung von Licht durch einen sehr heißen Körper bezeichnet und somit keinen Sauerstoff erfordert. Daher glüht Lava im Erdinneren oder unter Wasser so lange, bis sie abgekühlt ist. Dunkle Rotglut entsteht bei etwa 400 Grad, Weißglut bei 1200 Grad Celsius. Das bekannteste Beispiel ist die »brennende« Glühbirne, die natürlich nicht brennt, sondern nur glüht. Lavaströme unter Wasser glühen gelb, werden allerdings durch das kalte Wasser schnell abgeschreckt, sodass sich in Sekunden eine Glaskruste bildet.

Woher hat der *Finnwal* seinen Namen?

Fast alle Wale haben eine mehr oder minder ausgeprägte Rückenflosse, die Finne. Sie hilft den Tieren, eine stabile Lage einzuhalten. Der Finnwal hat mit etwa 60 Zentimetern eine auffällig große, nach hinten gebogene Finne. Sie ist sogar doppelt so groß wie die des Blauwals, obwohl dieser mit bis zu 33 Metern deutlich größer wird als der maximal 25 Meter lange Finnwal. Dennoch: Betrachtet man das gesamte Tier, erscheint auch die Rückenflosse des Finnwals als winziges Anhängsel. Gleichwohl spielen Form, Position und Größe der Finne eine Rolle bei der Bestimmung von Walen auf See, denn der größte Teil der Meeressäuger bleibt unter Wasser verborgen. Auch für Walfänger war die Rückenflosse des Finnwals ein wichtiges Erkennungsmerkmal, daher beziehen sich so viele seiner Namen darauf. Variationen des Namens sind Finner, Finback oder Razorback. Als einer der schnellsten Großwale wird der Finnwal auch als »Windhund der Meere« tituliert. Wie alle Bartenwale ernährt er sich von kleinen Krebstieren und Fischen, die er mit seinen Barten aus dem Wasser siebt.

Haben Fische Blut? Und wenn ja – warum ist Fischfilet so weiß?

Wie alle Wirbeltiere haben auch Fische Blut, allerdings zu einem geringeren Anteil als beispielsweise der Mensch. Während dessen Blutvolumen fünf bis zehn Prozent des Körpergewichts beträgt, macht es bei den meisten Fischarten nur etwa zwei Prozent aus. Rote Blutkörperchen sind auch im ***Fischblut*** für den Transport von Sauerstoff verantwortlich. Dass viele Fische trotzdem helles, fast weißes Fleisch haben, hängt mit ihrem Schwimmverhalten zusammen. Meist gleiten sie gemächlich, quasi im ersten Gang durchs Wasser. Dafür benötigen sie nur einen schmalen Muskelstrang, der seitlich unter der Haut liegt und gut durchblutet ist – viele Filetesser schneiden dieses dunkle Fleisch heraus, weil sie denken, es wäre schlecht. Wenn ein Fisch flieht oder angreift, also einen Gang hoch schaltet, kommt die weiße Muskulatur zum Einsatz, die nur von wenigen Blutbahnen durchzogen ist. »Die biochemischen Prozesse laufen dabei so schnell ab, dass die Muskelfasern nicht mit ausreichend Sauerstoff versorgt werden können«, sagt Cornelius Hammer von der Bundesforschungsanstalt für Fischerei in Hamburg. Daher bleibt das Fleisch weiß. Thunfische, die sehr schnelle Schwimmer sind und über eine geschickte Anordnung von Muskeln und Blutbahnen ihre Kerntemperatur mehr als 10 °C über der Wassertemperatur halten können, haben dagegen dunkleres Fleisch.

Haben Fische eigentlich auch *Blutgruppen*?

»Blut ist ein besonderer Saft«, wusste schon Mephisto in Goethes *Faust* – dies gilt für Menschen, Pudel und Fische gleichermaßen. Blut führt Energie, Sauerstoff und Informationen mit sich und entsorgt Abfall und Gifte. Außerdem schützt es uns: Jeglicher Fremdkörper wird erkannt und angegriffen – egal ob Bakterium, Virus oder fremde Blutzelle. Denn jede Zelle trägt bestimmte Eiweiße auf ihrer Oberfläche, an denen das Immunsystem Freund und Feind unterscheiden kann. Die meisten dieser Moleküle gehören zum sogenannten MHC-Komplex und werden vom Zellkern gesteuert. Da aber unsere roten Blutkörperchen ihren Kern im Laufe ihrer Entwicklung verlieren, tragen sie vergleichsweise wenige Antikörper und keine MHC-Moleküle auf ihrer Zellmembran. Nach diesen wenigen Antikörpern sind die menschlichen Blutgruppen wie A, B oder Rhesus benannt. Diese Antikörper sind es, die für die Unverträglichkeit verschiedener Blutgruppen untereinander sorgen. Allerdings gibt es noch wesentlich mehr solcher Blutgruppen und Blutmerkmale, als die gemeinhin bekannten. Fische haben zwar ebenfalls Blutgruppen, doch bei ihnen sind die MHC-Moleküle wichtiger, um fremde Blutzellen zu erkennen. Ihre roten Blutkörperchen besitzen nämlich auch noch einen Kern. Das MHC-System ist bei Fischen allerdings erheblich einfacher gestrickt als bei Menschen. Während bei Menschen um die 100 verschiedene MHC-Moleküle auf den Zellen des Immunsystems vorkommen, sind es bei Fischen nur zwei.

Wie werden denn Fische operiert?

Fische zählen zu den wechselwarmen Tieren. Diese auch als Kaltblüter bezeichneten Organismen können ihre Körpertemperatur gar nicht oder nur unvollkommen regulieren. Die Temperatur passt sich daher den jeweiligen Umgebungsbedingungen an. Dies kann bei Experimenten mit operativen Eingriffen von Nutzen sein. Bei länger andauernden ***Fischoperationen*** ist es hilfreich, die Körpertemperatur des Tieres abzusenken, um so die Stoffwechselvorgänge zu verlangsamen. Solange die spontane Atmung noch funktioniert, ist eine künstliche Beatmung nicht notwendig. Doch auch die stellt kein Problem dar. Über einen ins Fischmaul gesteckten Schlauch lässt sich sauerstoffreiches Wasser durch die Kiemen pumpen. Zudem stehen für Operationen – wie beim Menschen – unterschiedliche Narkosetechniken zur Verfügung, denn die meisten für Säuger entwickelten Narkosemittel wirken auch am Fisch. Am Ende eines jeden Eingriffs steht der Griff zur Tube: Die Operationswunde wird mit einem speziellen Schuppenkleber verschlossen. Dann heißt es endlich wieder: Ab ins kühle Nass!

Können *Fische* pupsen?

Die Frage, ob Fische beim Verdauen ihrer Nahrung Gase entwickeln und wie sie diese abgeben, ist keineswegs trivial. Würde sich im Fischmagen zu viel Gas ansammeln, könnte das Tier seine Balance verlieren. »Es würde hoffnungslos auftreiben oder müsste unverhältnismäßig viel Energie aufwenden, um eine bestimmte Tiefenposition, sprich seine Bewegungsfreiheit zu erhalten«, sagt der Hamburger Fischereibiologe Cornelius Hammer. Daher wundert es nicht, dass Fische im Vergleich zu Landtieren wenig Darmgase produzieren. Manche Fische geben Gase und Kot, verpackt in schleimigen Hüllen, in kleinen Portionen ab. Ob diese »Schleimbeutel« absinken, driften oder aufsteigen, hängt davon ab, wie viel Gas sie enthalten. Von einem Pupsen kann in diesem Fall wohl kaum die Rede sein. Der Zoologe Rüdiger Riehl, auch Herausgeber des *Aquarienatlas*, hat allerdings die unter Aquarianern beliebten mexikanischen Hochlandkärpflinge dabei ertappt, wie sie perlende Methangasbläschen abließen. Gerade im Magen-Darm-Trakt pflanzenfressender Fische wie etwa von Kärpflingen oder Buntbarschen, sagt Riehl, entwickle sich während des Verdauungsprozesses relativ viel Gas. Andere Fische wie etwa der Sandtigerhai schnappen an der Meeresoberfläche nach Luft, um ihren Auftrieb zu kontrollieren. Wenn sie ihre gewünschte Tauchtiefe erreicht haben, geben sie die Luft wieder ab.

Schlafen *Fische*?

Im Gegensatz zu uns Menschen haben Fische keine Augenlider, die sie im Schlaf schließen könnten. Daher ist nicht immer auf Anhieb zu erkennen, ob Fische schlafen. Dass sie es tun, steht freilich außer Frage. Das gilt sowohl für nacht- als auch für tagaktive Tiere. Die meisten Fische verbringen einen guten Teil einer 24-Stunden-Periode in einem ruhenden Zustand, in dem der Stoffwechsel deutlich »heruntergefahren« wird. Korallenriffbewohner etwa ziehen sich während dieser Ruhephasen in Höhlen oder Spalten zurück. Manche Süßwasserfische wechseln die Körperfarbe und werden gräulich bleich, während sie am Boden oder auf Pflanzenteilen ruhen. Manche Fische sind während der Ruhephase so weit »weggetreten«, dass Taucher auf sie zuschwimmen und sie berühren können. Papageienfische hüllen sich in einen Schleimkokon, der verhindert, dass ihr Geruch hungrigen Jägern in die Nase steigt. Von Fischen, die, wie die Tune, im offenen Meer leben, heißt es, dass sie während ihrer Ruhephase zwar langsam weiterschwimmen, um genügend Sauerstoff aufzunehmen, dabei aber eine Hälfte ihres Hirns quasi abschalten.

Empfinden *Fische* Schmerzen?

Bisweilen erzählen Angler, dass Fische, vom Haken gelöst und ins Wasser zurückgeworfen, nichts Besseres zu tun hätten, als schnurstracks wieder auf den Köder zuzuschwimmen und erneut anzubeißen. Handelt es sich dabei um Anglerlatein? Oder empfinden die Fische etwa keinen Schmerz? Für Tierschützer ist die Sache schnell entschieden. Über Haie heißt es im *Shark Info* der Erlenmeyer-Stiftung für Tiere: »Weil Knochen- und Knorpelfische über alle chemischen, optischen und akustischen Rezeptoren verfügen, wie sie auch beim Menschen vorkommen, muss man davon ausgehen, dass Haie schmerzempfindlich sind. Auch im Gehirn sind die Voraussetzungen für eine Aufnahme und Verarbeitung von Schmerzreizen gegeben.« Zu denken geben sollte aber, dass Schmerz nicht zuletzt eine Sache der Erfahrung ist – zumindest beim Menschen. Ein gefallenes Kind weint häufig erst dann, wenn es bemerkt, dass es von den Eltern beobachtet wird. »Man muss also zwischen dem neuronalen Schmerzsystem im Gehirn und der subjektiven Schmerzempfindung unterscheiden«, sagt Prof. Gerhard Roth, Biologe und Hirnforscher aus Bremen. »Mir sind keine Untersuchungen über Schmerz bei Fischen bekannt«, ergänzt sein Kollege Mario Wullimann. »Selbst in einem gerade erschienenen Buch über die neuesten Ergebnisse der Fischphysiologie taucht der Begriff Schmerz nicht auf.« Und die Sache mit dem Angelhaken? »Natürlich kann man sich denken, dass es für Fische unangenehm ist, am Haken zu zappeln«, sagt Wullimann. Schade nur, dass es noch nicht nachgewiesen wurde. Dann hätten Naturschützer ein weiteres Argument an der Hand, um schonendere Fangmethoden zu fordern.

Welches ist das flachste (Salzwasser-)Meer der Welt?

Die küstennahen ***Flachmeere***, die sogenannten Schelfe, sind das Bindeglied zwischen den durchschnittlich 840 Meter über dem Meeresspiegel aufragenden Kontinenten und dem im Mittel etwa 3700 Meter tiefen Ozean. Zwischen Küstenlinie und Schelfkante beträgt das Bodengefälle nur wenige Prozent. Der Knick zwischen Schelf und Tiefsee liegt im Weltmaßstab durchschnittlich in 132 Meter Wassertiefe. Darauf bezogen machen die Küstengewässer nördlich von Alaska das Rennen. Dort, in der Beaufortsee, verläuft die Schelfkante im Schnitt in nur 64 Meter Wassertiefe. Und unsere Nordsee? Sie ist nur südlich einer Linie von der mittelenglischen Bridlington Bay zum dänischen Skagen flacher als 50 Meter. Bis zur Schelfkante, die bei den Orkney- und Shetland-Inseln verläuft, werden Tiefen von 200 Meter erreicht.

Wie hoch und wie weit können *Fliegende Fische* fliegen?

In den tropischen und subtropischen Gewässern der Weltozeane leben etwa 40 Arten Fliegender Fische, die bis zu 45 Zentimeter lang sind. Besonderes Kennzeichen sind zwei oder vier vergrößerte, flügelartige Flossen. Sie verleihen ihnen die Fähigkeit, aus dem Wasser zu schießen und über der Ozeanoberfläche zu gleiten. So müsste man eigentlich von Gleitenden Fischen sprechen, denn die aparten Tiere bewegen sich über Wasser keineswegs flossenschlagend vorwärts. Während des Gleitflugs halten sie ihre Flossen starr von sich gestreckt. Meist sind sie auf der Flucht vor Feinden, wenn sie mit Geschwindigkeiten von bis zu 16 Stundenkilometern abheben. Pro Flug werden bis zu 180 Meter zurückgelegt. Gelegentlich fallen die Fische auf die Wasseroberfläche zurück, schlagen kurz mit der Schwanzflosse, um so erneut Fahrt aufzunehmen. Solche »Mehretappenflüge« können bis zu 45 Sekunden dauern. In dieser Zeitspanne legen die Meeresbewohner um die 400 Meter zurück. In der Regel segeln sie dabei in geringer Höhe über dem Wasser dahin. Seeleute berichten immer wieder, dass Fliegende Fische auf Achter- und Vordeck von Hochsee-Yachten »notgelandet« sind. Mehr als zwei bis drei Meter Flughöhe dürften sie aber nur selten erreichen.

Lohnt es, sich wegen des höheren Fluoridgehalts die Zähne mit Meerwasser zu putzen?

»Abgesehen vom besseren Geschmack, ist es wesentlich effektiver, sich die Zähne mit fluoridhaltiger Zahnpasta zu putzen«, meint Zahnarzt Bastian Romberg aus Bremen. Die Fluoridkonzentration im Meerwasser ist zwar im Schnitt fünfmal höher als im deutschen Trinkwasser (1,5 mg/l zu 0,3 mg/l), aber immer noch weit unter der Konzentration fluoridhaltiger Zahncreme (1000–1500 mg/l). Bakterien im Mund produzieren Säure, die den Zahnschmelz angreift. ***Fluorid*** kann dies verhindern und Mikroschäden zum Teil reparieren. Dabei wird Fluorid in den Schmelz eingelagert und härtet ihn gegen Säureangriffe durch Bakterien, Früchte oder Cola ab. Je länger Fluorid und Zähne in Kontakt stehen, umso besser – also lange putzen. Doch obwohl unbestritten ist, dass Fluorid Karies mindert: Zu viel Fluorid kann schädlich sein. Es hemmt nicht nur die Enzyme der Bakterien im Mundraum, sondern auch körpereigene Enzyme. Daher sollte man Zahnpasta möglichst nicht schlucken und eine zusätzliche Fluoridaufnahme mit dem Arzt absprechen. Wenig einzuwenden gibt's übrigens gegen meersalzhaltige Zahncreme: Sie liefert ebenfalls Fluorid, reinigt die Zähne, regt den Speichelfluss an und beugt Entzündungen vor. Meerwasser selbst dagegen ist, so Romberg, nur »ein übel schmeckender Tropfen auf den heißen Zahn«.

Ab wann wird ein *Fluss* eigentlich zum *Strom*?

Hier ist die Lehrmeinung uneinheitlich. »Genau definierte Größenordnungen sind nicht festgelegt«, heißt es etwa im *Westermann Lexikon der Geographie* in Hinblick auf Bäche, Flüsse und Ströme. Immerhin wird vorgeschlagen, die Ränge nach dem Kriterium Wasserführung zu ordnen. Genau daran knüpft das im gleichen Verlag erscheinende *Lexikon Ökologie & Umwelt* an. Danach plätschern in kleineren Flüssen bis 200 Kubikmeter Wasser je Sekunde bergab; in größeren Flüssen rauschen dagegen maximal 2000 Kubikmeter zu Tal. Aber auch hier heißt es: »Die obere Abgrenzung zu den Strömen ist nicht allgemein gültig festgelegt.« Es sei denn, man wirft einen Blick in die *Encarta Enzyklopädie*. Dort gelten die mehr als 500 Kilometer langen Flüsse mit einem Einzugsgebiet von mehr als 100 000 Quadratkilometern und einer mittleren Abflussmenge von 2000 Kubikmetern als Ströme. Indus, Mekong, Amazonas, Nil und natürlich auch der 1300 Kilometer lange Sankt-Lorenz-Strom mit seinen 1,4 Millionen Quadratkilometern Einzugsgebiet sind dafür gute Beispiele.

Warum tragen manche Flüsse männliche, andere weibliche Namen?

Bislang untersuchte die Sprachwissenschaft zwar die Wortstämme von ***Flussnamen***, nicht aber deren geschlechtsspezifische Aspekte. »Diese Frage hat sich uns noch gar nicht gestellt«, meinte Albrecht Greule, Professor für Deutsche Sprachwissenschaften an der Uni Regensburg, der sich über die Anfrage daher auch sehr freute und selbst ins Grübeln kam. Es fällt auf, dass Flüsse entweder männlich oder weiblich, unseres Wissens aber nie sächlich sind. Ob das mit der lebhaften Natur des Wassers zusammenhängt, darüber lässt sich nur spekulieren. Tatsache ist, dass bei zusammengesetzten Flussnamen Wortteile wie -bach, -beke oder -aue das Geschlecht bestimmen. Allerdings ist das Wort Bach in einigen Regionen, so in der Pfalz, weiblich und eben nicht, wie hochdeutsch üblich, männlich. Nach dieser Regel ist die »schöne blaue Donau« feminin. Der Name des zweitlängsten europäischen Flusses ist vom männlichen keltischen Danewjos abgeleitet. Daraus entwickelte sich im Mittelhochdeutschen Tounouwe mit der weiblichen Endung -ouwe (-aue), später Donau. Ausländische Flüsse sind im Deutschen meist mit dem männlichen Geschlecht belegt, es sei denn, sie rufen weibliche Assoziationen hervor, wie etwa die Lena. Ausnahme ist der Río de la Plata. Trotz femininer Endung im Spanischen heißt es kurz »der« La Plata, da »Río« (Fluss) männlich ist.

G

Warum haben Schiffe eine *Galionsfigur*?

Drachen, Löwen, Frauengestalten, seit je schmücken – zumeist hölzerne – »Schutzengel« den Bug von Schiffen. Angebracht werden sie am Bug direkt oder am »Galion« (spanisch = Balkon), einem erkerartigen Vorbau. Die Figuren sollten ursprünglich die Himmelsmächte gnädig stimmen und die Schiffe gegen Sturm und Meeresgeister schützen. Die Seeleute glaubten nämlich, auf dem Meer den Göttern schutzlos preisgegeben zu sein. Darüber hinaus sollten manche Figuren gegnerischen Schiffen Angst machen. Die Drachenköpfe der Wikingerboote waren sogar so furchterregend, dass man sie in heimischen Gewässern verbot. Bei kleineren Schiffen hatte die Figur durchaus auch praktischen Wert: Ihr Gewicht verbesserte die Lage im Wasser und damit die Segeleigenschaften. Und nicht zuletzt glaubten – und glauben noch immer – viele Seeleute, ein Schiff sei lebendig und die Bugfigur das Abbild seiner Seele. Viele weigerten sich früher, auf Schiffen ohne Galionsfigur anzuheuern. Geht sie verloren, misslingt angeblich die Reise – ein Missgeschick, das dem Schulschiff *Gorch Fock* in den letzten Jahren zweimal passierte. Trotzdem kehrte sie beide Male unversehrt in den sicheren Hafen zurück.

Ist es gefährlich, bei einem *Gewitter* zu tauchen?

Manche wollen bei Gewitter am liebsten abtauchen und sich vor Blitz und Donner unter der Bettdecke verstecken. Doch was passiert, wenn ein Blitz in der Nähe eines Tauchers einschlägt? Immerhin kann sich die Luft dabei bis auf 40 000 Grad Celsius erhitzen und 500 Millionen Volt enthalten. Die elektrische Spannung gefährdet den Taucher allerdings nur an der Oberfläche. Dort dient sein Körper nämlich als Spannungsbrücke zwischen der schlecht leitenden Luft und dem gut leitenden Wasser. Noch 100 Meter von der Einschlagstelle entfernt ähneln die Folgen für den Taucher einem Blitzschlag an Land. Unter Wasser jedoch ist er vor der Entladung geschützt, da Strom sich immer den Weg des geringsten Widerstandes sucht – und der führt durchs Wasser und nicht durch den Taucher. Die Gefahr eines nahen Blitzschlags unter Wasser liegt woanders: Die enorme Hitze des Blitzes lässt das Wasser an der Einschlagstelle im wahrsten Sinn des Wortes blitzschnell verdunsten. Das ist etwa so, als ob bis zu 100 Tonnen Sprengstoff explodieren. Die Druckwelle kann alle luftgefüllten Räume im Körper des Tauchers platzen lassen. Im schlimmsten Fall führt sie zu einem Lungenriss und Ohnmacht, was unter Wasser meist tödlich ist. Daher sollte man bei Gewitter doch lieber unter die Bettdecke abtauchen.

Warum gibt es an der deutschen Küste keine *Gezeitenkraftwerke*?

Neben durch Flusswasser angetriebenen Mühlen wurden schon im Mittelalter viele Wasserräder durch die Kraft der Gezeiten bewegt. Allein an den englischen Küsten, vor allem an den Flüssen Severn und Trent, ist für das 11. Jahrhundert der Betrieb von mehr als 5000 Gezeitenmühlen belegt. Doch erst 1966 wurde das erste und mit 240 Megawatt Leistung auch immer noch größte Gezeitengroßkraftwerk *La Rance* in Nordwestfrankreich verwirklicht. Voraussetzung für den wirtschaftlichen Betrieb ist der große Tidenhub in der Mündung der Rance von bis zu sechzehn Metern bei Springflut. Dieser Gezeitenunterschied sorgt dafür, dass genügend Meerwasser in das 22 Quadratkilometer große Staubecken strömt bzw. dass genügend Wasser vorhanden ist, die Turbinen auch bei Ebbe anzutreiben. Seitdem sind weitere Gezeitenkraftwerke an den Küsten Russlands, Kanadas und Chinas entstanden. Insgesamt gibt es etwa 100 Buchten, an denen solche Kraftwerke möglich wären, wenn man einen Gezeitenhub von fünf Metern als Minimum für Wirtschaftlichkeit ansetzt. Doch an der deutschen Nordseeküste liegt keine davon. An der Bay of Fundy – dem Ort mit dem größten Gezeitenhub der Welt, von maximal 21 Metern bei Springflut – wird zwar seit langem ein großes Kraftwerk geplant. Allerdings befürchtet man eine zu große Veränderung des ökologischen Gleichgewichts und auch des Tidenverlaufs. Unter Umständen könnte Boston an der Gegenseite durch einen Kraftwerkdamm unter Wasser gesetzt werden – ein zu hoher Preis für billigen Strom.

Warum treten Hoch- und Niedrigwasser in unregelmäßigen Zeitabständen auf?

Der Rhythmus von Ebbe und Flut wird hauptsächlich von der Anziehungskraft des Mondes bestimmt. Die Erde dreht sich in 24 Stunden einmal um ihre eigene Achse. Währenddessen bewegt sich auch der Mond weiter. Ein Beobachter auf der Erde muss daher zusätzliche 50 Minuten warten, ehe er wieder eine gleiche Ausgangsstellung zum Mond erreicht. Da bei uns Hoch- bzw. Niedrigwasser zweimal täglich eintreten, dauert eine Tide im Mittel also 12 Stunden und 25 Minuten – theoretisch. Tatsächlich verstreichen von Hochwasser zu Hochwasser mal gut zwölf, mal knapp dreizehn Stunden. Zudem laufen Ebbe und Flut – unabhängig von Wind und Wetter – unterschiedlich hoch auf oder ab. Diese sogenannten ***Gezeitenungleichheiten*** werden von den sich verändernden Stellungen des Mondes und der Sonne zur Erde verursacht. Zum einen spielt der Winkel, unter dem Sonne und Mond von der Erde aus gesehen werden, eine Rolle. Bei null (Neumond) und 180 Grad (Vollmond) unterstützt die Sonne die Wirkung des Mondes, während sie sie bei Winkeln von 90 und 270 Grad verringert. Man spricht dann von Spring- bzw. Nippzeiten, zu denen die Flut besonders hoch oder eben niedrig ansteigt. Diese »halbmonatliche Ungleichheit« läuft also zwischen zwei aufeinander folgenden, gleichen Mondphasen zweimal ab und wiederholt sich im Rhythmus von 14,77 Tagen. Als »tägliche Ungleichheit« macht sich der veränderliche Winkelabstand des Mondes zum Himmelsäquator bemerkbar, der nach jeweils 27,32 Tagen wieder den gleichen Wert annimmt. Zudem tritt im Rhythmus von 27,55 Tagen die »parallaktische Ungleichheit« auf, die mit der Entfernung der Erde zu Sonne und Mond variiert.

Zu diesen Ungleichheiten, die nur aus der Stellung von Sonne, Mond und Erde entstehen, gibt es noch eine ganze Reihe weiterer Faktoren. Entsprechend aufwändig ist es, Hoch- und Niedrigwasser zu berechnen. Beim nächsten Nordseebesuch lohnt sich daher eventuell ein Besuch im Schifffahrtsmuseum Bremerhaven, in dem Gezeitenrechner von gewaltigen Ausmaßen zu sehen sind, die über mechanische Vorgänge die Gezeiten berechnen können.

Bei einem Besuch der Insel Ko Phangan im Golf von Thailand stellte ich höchst verwundert lediglich einen *Gezeitenwechsel im Lauf von 24 Stunden* fest. Können Sie mir dieses Phänomen erklären?

Schon das *Westermann Lexikon der Geographie* merkt an: »Die Gezeiten des Meeres sind eine sehr komplizierte Naturerscheinung.« Gezeiten werden von den Anziehungskräften vor allem des Mondes verursacht. Freilich bestimmt auch die Geometrie – sprich: die Gestalt der jeweiligen Meeresregion sowie ihre Meerestiefe – die Ausprägung der Gezeitenwelle. Entscheidend ist, dass Mond und Sonne im Lauf eines Jahres scheinbar zwischen nördlichen und südlichen Wendekreisen hin- und herwandern. In Bezug auf die Äquatorebene der Erde bilden sie Winkel von maximal 23,5 Grad (zur Sommer- und Wintersonnenwende) bzw. 28,5 Grad (zur Sommer- und Wintermondwende). Diese Deklination wirkt sich auf die Gezeitenwelle aus. Wenn die Winkelabweichungen von Sonne und Mond übereinstimmen, kommt es vor allem im Sommer und Winter zu der beobachteten eintägigen Gezeitenform. Natürlich nicht überall, sondern vorzugsweise in mittleren Breiten wie etwa auf Ko Phangan, das auf knapp zehn Grad Nord liegt. Eintägige Gezeiten sind übrigens auch im Golf von Mexiko, im Südchinesischen Meer, in der Borneo- und Java-See zu beobachten. In anderen Weltgegenden treten Mischformen auf. Sei es, dass zwei Hoch- und Niedrigwasser pro Tag auftreten, die unterschiedlich hoch auf- bzw. ablaufen; sei es, dass statt einem zwei ungleich starke Hochwasser auflaufen. Es handelt sich also in der Tat um eine »komplizierte Naturerscheinung«, die übrigens lange Zeit als wunderbares Werk Gottes interpretiert wurde. So vom Hamburger Johannes Fabricius um 1734: »Ist das nicht eine herrliche und mit Dank anzunehmende Sache, dass die Wasser in aller Welt zu unserem Behuf und Erquickung ein solch Perpetuum mobile abgeben.« Der gelehrte und gottesfürchtige Mann wollte »durch aufmerksame Betrachtung der Eigenschaften und Bewegung der Wasser die Menschen zur Liebe und Bewunderung ihres Gütigsten, Weisesten, Mächtigsten Schöpfers ermuntern«.

Was bedeutet »*Glasen*«?

In der zweiten Hälfte des 16. Jahrhunderts, als die Zeitmessung allmählich präziser wurde und Segelschiffe gläserne Sanduhren mit sich führten, sprach man kurz und bündig vom »Glas«, wenn das Stundenglas gemeint war. Den Ausdruck »Glasen« im seemännischen Sinn führten vermutlich die Niederländer ein, als die Schifffahrtsnation im 17. Jahrhundert ihre Blütezeit, das sogenannte »Goldene Zeitalter«, erlebte. Damals gelangte das Wort auch ins Hochdeutsche. Im *Schiffahrts-Lexikon für Rheder und Leser nautischer Schriften* von 1879 heißt es: »Die Eintheilung der Zeit an Bord eines Schiffes geschieht nach dem Auslaufen eines halbstündigen Sandglases (Sanduhr) und wird von 1 bis 8 Glas (= 4 Stunden) gezählt, worauf wieder mit eins angefangen wird. Acht Glas machen eine Wache aus.« Letzteres hat sich bis heute nicht geändert – nur die Zeit der Sanduhren an Bord ist längst abgelaufen.

Ist die Nutzung des *Global Positioning System (GPS)* tatsächlich umsonst?

Satellitennavigation erfreut sich wachsender Beliebtheit unter Seglern, Wüstenwanderern oder Motorradtouristen. Per GPS-Empfänger werden einige von insgesamt 24 Satelliten angepeilt, die das US-Verteidigungsministerium in Umlauf gebracht hat und die in etwa 20 000 Kilometern Höhe die Erde umkreisen. In kürzester Zeit berechnet die Navigationssoftware aus unterschiedlichen Signallaufzeiten und Positionsangaben den Ort des aktuellen Aufenthalts auf etwa zehn Meter genau. Von den Anschaffungs- und geringen Betriebskosten einmal abgesehen, ist die Technik gratis. Das Pentagon kassiert für das Global Positioning System keine Gebühren. Dies verwundert nur auf den ersten Blick und entspringt keineswegs mildtätigen Motiven. Gerade aus dem Transportsektor oder dem Rettungswesen ist die Satellitennavigation heute kaum mehr wegzudenken. Mit ihrer Hilfe lassen sich Schiffe, LKWs oder Flugzeuge optimal ans Ziel lenken und Treibstoffkosten sparen. Auch die US-Regierung hat diese wirtschaftlichen Vorteile erkannt. Inzwischen ist jenseits des Atlantiks ein milliardenschwerer Wachstumsmarkt für zivile GPS-Nutzung entstanden. Den erhoffen sich auch die Europäer mit ihrem Navigationssystem GALILEO. 30 Satelliten und Bodenstationen sollen ab Ende 2011 hochpräzise Ortsbestimmungen möglich machen. Wie beim US-Vorbild wird es einen Basisdienst geben, der kostenfrei ist – sieht man einmal von den Ausgaben ab, die jedem Nutzer für die Beschaffung der notwendigen Hard- und Software entstehen. Andere Angebote etwa für Such-

und Rettungsdienste, für Polizei oder Küstenwache, aber auch für kommerzielle Anwendungen, die höhere Übertragungsraten oder genauere Positionsdaten erfordern, werden dagegen kostenpflichtig sein. Die Frage ist allerdings, ob das derzeit beauftragte Konsortium den Auftrag zu Ende führt oder ob es aufgrund politisch-kommerzieller Querelen zu einer neuen Ausschreibung kommt. Dann wird GALILEO sicherlich nicht wie geplant 2011 in Betrieb gehen.

Woher stammt die Bezeichnung »*Golf*« für Meeresteile wie den Golf von Mexiko, Golf von Kalifornien?

Golf: ein Auto, ein exklusiver Sport oder eben eine Meeresbucht. Doch wo die Sportart ihren Namen von eher brutalen Worten wie Stock (holländisch) oder schlagen (schottisch) ableitet, stammt der wässrige Golf vom griechischen Wort »Kólpos« oder »kólphos« für Wölbung oder Busen ab. Über das italienische »il golfo«, der Meeresbusen, gelangte es in viele andere Sprachen, unter anderem Englisch und Deutsch. Wer weiß, wie lange die Zeichner der Seekarten schon unterwegs waren, als sie diese sprachliche Verbindung zum weiblichen Körper schlugen. Weltweit gibt es eine Vielzahl von Golfen, so der amtliche Plural. Der nächstliegende Golf ist für uns der Jadebusen, der die Herkunft des Wortes direkt aufgreift. Der bekannteste ist sicherlich der Golf von Mexiko – Ursprung des nach ihm benannten Golfstroms. Der bekannteste europäische Golf ist der Golf von Biskaya, unter Seeleuten für sein schlechtes Wetter und den rauen Seegang berüchtigt. Einer der größten Golfe der Welt heißt allerdings gar nicht Golf, sondern häufig schlicht Bucht: Understatement pur, immerhin erstreckt sich die Bengalische Bucht über mehr als zwei Millionen Quadratkilometer.

Gibt es den *grünen Blitz*, von dem Seefahrer berichten?

»Gibt es ein Grün im Paradies, dann kann es kein anderes als dieses sein, das wahre Grün der Hoffnung«, beschrieb schon Jules Verne diese Himmelserscheinung. Nur selten ist sie zu sehen, denn die klare und saubere Luft und den freien Blick auf den Horizont hat man nur auf dem Meer oder aus großer Höhe. Die Lichtstrahlen der Sonne werden auf dem langen Weg durch die Atmosphäre am stärksten durch die Luftmoleküle beeinflusst. Das weiße Licht der Sonne wird dabei je nach Frequenz unterschiedlich gebrochen und kurz über dem Horizont aufgespalten. Eigentlich gibt es daher sogar blaue, rote und grüne Blitze. Das blaue Licht wird jedoch durch Unreinheiten fast immer so stark gestreut, dass es das Auge des Betrachters nicht erreicht. Der grüne Blitz hingegen kann bis zu wenige Sekunden lang mit dem bloßen Auge erfasst werden. Der rote Blitz ist zu diesem Zeitpunkt schon hinter dem Horizont verschwunden. Übrigens wurde dieses Phänomen auch schon bei Mond und Venus beobachtet.

Warum gibt es so viele Länder, die *Guyana* oder *Guinea* heißen?

Guyana, Französisch-Guyana, Niederländisch Guyana (heutiges Surinam) Äquatorial-Guinea, Guinea, Guinea-Bissau und auch noch Papua-Neuguinea: Kein Wunder, dass man verwirrt ist und sich eventuell wie ein Guinea-Pig, dem englischen Äquivalent unseres Versuchskaninchens, vorkommt. Die drei Guyanas in Mittelamerika sind nach dem dort gelegenen gleichnamigen Gebirge benannt. Das Wort kommt entweder vom Indio-Wort »gu a yana«, was so viel heißt wie »Blüte der Rose« oder von »Guiana« – »Land der vielen Gewässer«. Die drei afrikanischen Guineas hingegen leiten ihren Namen von dem Tuareg Wort »aginaw« ab, das »Schwarze« bedeutet und wohl auf die Ureinwohner anspielt. Die Ähnlichkeit ist also Zufall. Die Bezeichnung Guinea in Papua-Neuguinea wiederum stammt vom spanischen Seefahrer Yñigo Ortiz de Retez. Er nahm die Pazifikinsel 1545 für die spanische Krone in Besitz. Da ihn die Einwohner an die Bewohner Guineas erinnerten, nannte er die Insel Neu-Guinea. Das Guinea-Pig, zu Deutsch Meerschwein, hat seinen Namen wohl einer naheliegenden Verwechslung von Guyana und Guinea zu verdanken – denn seine Heimat ist der Südamerikanische Kontinent, wo es schon seit Tausenden von Jahren als Delikatesse gilt.

H

Ist *Haifischfleisch* giftig?

»Haikrank« nennen Isländer jemanden, der betrunken ist. Denn das Fleisch des Grönland- oder Eishais wirkt tatsächlich berauschend, wenn auch nicht tödlich. Es enthält nämlich Harnstoff und Trimethylaminoxid (TMAO), Proteinabbauprodukte, die die Regulation des Salz- und Wasserhaushaltes im Organismus beeinflussen. Im Meerwasser ist diese Steuerung aufwändiger, da es viel Salz enthält. Denn: Alle Flüssigkeiten und Gase haben die Eigenschaft, zwischen Bereichen unterschiedlicher Konzentration einen Ausgleich herzustellen. Da Zellmembranen zwar für Wasser, aber nicht für die in ihm gelösten Stoffe durchlässig sind, verändert sich der Wassergehalt einer Zelle je nachdem, wie die Konzentrationen um sie herum sind. Wasser wandert dorthin, wo die Konzentration an Stoffen wie Salzen, Proteinen oder Zucker größer ist. Haie (und Rochen) speichern Harnstoff und TMAO und halten so Wasser in ihrem Körper zurück. Ihr Blut enthält bis zu 100-mal mehr Harnstoff als das von Säugetieren. Für Menschen wäre dies tödlich, auch weil Harnstoff Enzyme zerstört.

Eben davor schützen sich Haie mit dem TMAO. Allerdings enthält nur Frischfleisch des Grönlandhais giftige Harnstoffkonzentrationen. Es muss also gut abhängen oder eben vergammeln, wie Isländer es zu Weihnachten zum Beispiel mit Gammelrochen machen. Harnstoff und TMAO setzen beim Verfall beißenden Ammoniakgeruch frei, aber obwohl es nicht so riecht, wird das Fleisch dadurch verzehrfähig. Wie andere Haiarten ist der für Gammelrochen verwendete Rochen aber auch frisch genießbar, wie uns die isländische Forscherin Lovísa Birgisdóttir versicherte.

Was hat es mit den Experimenten auf sich, die mit Unterwasser-Schallwellen zur Erforschung des Treibhauseffekts unternommen wurden?

Das Projekt mit Namen ***Heard Island Feasibility Test*** fand im Januar 1991 vor der australischen Insel statt, die etwa 4100 Kilometer südwestlich von Perth liegt. Von einem Schiff aus wurden fünf Tage lang Schallwellen unter Wasser ausgesandt. Die legten bis zu 18000 Kilometer zurück, ehe sie von der letzten der 16 Messstationen in Coos Bay an der Westküste der USA empfangen wurden. Weitere Empfangsstationen waren an den Küsten Indiens, Japans, Australiens, der Antarktis sowie auf Forschungsschiffen installiert. Die Forscher wollten testen, ob sich Schallwellen als eine Art Fieberthermometer eignen, um die globale Erderwärmung auch im Ozean nachzuweisen. Denn: Je wärmer das Meerwasser, desto schneller laufen die Schallwellen hindurch.

Ist ein ***Heringskönig*** ein besonderer Hering?

Im Schwarm ändern Millionen von Heringen gleichzeitig die Richtung. Haben sie einen Anführer, den Heringskönig? Nein, Schwärme sind anarchisch und kommen ohne Leittiere aus. Der angebliche König ist in Wahrheit nicht einmal ein Hering. Da sich aber einzelne dieser Tiere oft in den Netzen der Heringsfischer finden, nahm man früher an, sie leiteten die Schwärme. Vielleicht lag es auch an ihrem Aussehen: Die Haut schimmert golden, und lange, hoch aufgestellte Rückenstrahlen krönen ihn. Tatsächlich folgt der scheibenförmige Fisch im Ostatlantik sowie im Indischen und Westpazifischen Ozean den Heringen, da er ihr Fleisch ebenso schätzt wie wir. Dabei steht er bei Feinschmeckern selbst hoch im Kurs, als Petersfisch. (Die Griechen nannten ihn sogar nach dem mächtigsten ihrer Götter, Zeus, was ihm den zoologischen Namen *Zeus faber* eintrug.) Die dunklen Flecken an seinen Seiten sind der Legende nach Fingerabdrücke des Apostels Petrus. Er fand im Maul des Fisches eine Goldmünze für die Steuereintreiber des Tempels. Dieses Maul stülpt der bis zu 70 Zentimeter lange Heringskönig ruckartig vor, nachdem er sich von vorne an seine Beute herangepirscht hat. Diese Methode ist erfolgreich, da der Heringskönig ein sehr schmaler Fisch ist und so für seine Opfer schlecht zu sehen. Immerhin fand ein britischer Forscher einmal 25 Heringe im Magen eines Heringskönigs. Nicht gerade die feine Art, mit seinen Untertanen umzugehen.

Was bedeuten Flurnamen an der Ostsee wie *Höft* oder *Klint*?

Flur- oder Ortsnamen sind häufig Kürzel, hinter denen sich komplette Landschaftsbilder und geologische Geschichten verbergen. So bedeutet das niederdeutsche »Höft« »Ufervorsprung«. Es ist nach Kluges *Etymologischem Wörterbuch* aus dem Mittelniederdeutschen »hoved« (svw. Haupt, Kopf) abgeleitet und findet sich in Ortsnamen wie Dahmeshöved, dem Standort eines 1878/79 auf einem Küstenvorsprung an der Mecklenburger Bucht errichteten Leuchtturms. Die dänische Vokabel »hoved« bezeichnet zum Beispiel im Namen Molshoved die Spitze einer Halbinsel an Jütlands Ostseeküste. Auch »Klint« ist ein Begriff, der unseren nördlichen Nachbarn geläufig ist, aber ebenso im Niederdeutschen, Lettischen und Schottischen vorkommt. Klint, Glint, Klinke: »das sehr hohe steile Felsenufer der Ostsee ... eine kleine felsige Anhöhe (auch klimp)«, heißt es bei Jacob und Wilhelm Grimm im *Deutschen Wörterbuch* (Auflage 1873). Møns Klint, die 128 Meter hohe Kreidesteilwand auf der gleichnamigen dänischen Insel oder die 60 Kilometer südöstlich gelegenen Klinten auf Rügen sind dafür prominente Beispiele. Dem von Otto Mensing akribisch recherchierten *Schleswig-Holsteinischen Wörterbuch* ist freilich zu entnehmen, dass Klint auch »jede Erhebung im Gelände«, Dünen, höher gelegene Koppeln und selbst einsame Gehöfte umschreibt.

Wo fängt die *Hohe See* an?

Vor 20 Jahren, am 10. Dezember 1982, wurde die Seerechtskonvention der Vereinten Nationen verabschiedet und zur Zeichnung ausgelegt. Noch am selben Tag unterschrieben Vertreter von 120 Staaten das Vertragswerk. Es legt fest, welche rechtlichen und wirtschaftlichen Ansprüche beziehungsweise Verpflichtungen sich für die Unterzeichnerstaaten in bestimmten Meeresgebieten ergeben. Dabei werden drei Bereiche unterschieden. Erstens die Küstengewässer der Zwölf-Meilen-Zone: Für diese »territorialen« Gewässer gelten dieselben Gesetze und Bestimmungen wie an Land; der jeweilige Staat übt in diesem Bereich also die Polizeigewalt aus. Dieser Küstenzone folgen seewärts die »Anschlusszone« zwischen zwölf und 24 Seemeilen sowie die »Ausschließliche Wirtschaftszone« zwischen 24 und 200

Seemeilen, jeweils gerechnet von der Küstenlinie eines Staates. Seewärts dieser unsichtbaren Grenzlinie beginnt schließlich die Hohe See – zumindest im Prinzip, denn die 320 Artikel der Konvention und ihre bislang neun Anhänge regeln manches Detail. So kann eine Wirtschaftszone die 200-Meilen-Grenze überschreiten, wenn der untermeerische Kontinentalsockel weiter seewärts reicht. Andererseits gilt im deutschen Umweltrecht alles jenseits der Zwölf-Meilen-Zone als Hohe See. Also gilt: Nicht jeder, der kein Land mehr sieht, befindet sich auch wirklich auf Hoher See.

Ist von einem Schiff aus die *Horizontkrümmung* zu erkennen?

Auch ein Krähennest am Mast in 30 Metern Höhe ist zu niedrig, um die Krümmung des Horizonts zu erkennen. Die Sichtweite aus dieser Höhe beträgt unter optimalen Bedingungen etwa 21 Kilometer. Nehmen wir an, dass unsere Augen einen Bereich von 150 Grad scharf abbilden können. Dann könnten wir aus dem Krähennest einen Horizont von 150 Kilometern Länge überblicken. Auf dieser Länge krümmt sich der Horizont nur um etwa 45 Meter – zu wenig, um wahrgenommen zu werden. Anders sieht es aus, wenn wir auf einem Berg stehen, zum Beispiel auf dem über 3000 Meter hohen Pico del Teide auf Teneriffa. Von dort können wir bei optimalen Bedingungen etwas weniger als 200 Kilometer weit sehen. Die überschaubare Horizontlänge beträgt grob 1500 Kilometer. Die auf dieser Strecke um 450 Meter gebogene Erdkante lässt sich gut erkennen. Ab welcher Höhe genau der Horizont gebogen erscheint, konnten wir nicht ermitteln. Dies variiert vermutlich von Mensch zu Mensch.

Was ist ein *Hühnergott*?

Am Ostseestrand findet man häufig Steine mit einem natürlich entstandenen Loch – sogenannte Hühnergötter. Besonders Feuersteine weisen häufig solche Löcher auf. Sie entstehen, wenn ein eingeschlossenes Fossil herausgelöst wird, typischerweise ein Seelilienstängel. Denn diese sind häufig von weicheren Kreideeinlagerungen umgeben, die den Wellen nicht so gut standhalten. Die Bezeichnung geht auf einen alten slawischen Volksglauben zurück, wonach diese Steine, im Stall aufgehängt, das Federvieh vor Kikimora schützen sollten. Kikimora ist eine alte slawische Göttin, die im Laufe der Zeit zum Poltergeist abstieg. Sie hat eine Affinität zu Hausgeflügel, das sie entweder stiehlt oder am Eierlegen hindert. So beschreibt es zumindest das Wörterbuch der großrussischen Sprache von Wladimir Dal aus dem 19. Jahrhundert. »Kuriny bog« bezeichnet im Russischen aber auch gebrauchte und zerschlagene Gegenstände, wie Gefäße ohne Boden oder abgetragene Bastschuhe. Im Deutschen taucht der Begriff zum ersten Mal 1927 in einem Buch zur Ostslawischen Volkskunde auf. Der Aberglauben von der schützenden Wirkung der Lochsteine vor bösen Geistern ist übrigens in ganz Europa weit verbreitet.

Gibt es eigentlich *Hurrikane* der Stärke 6?

Hurrikane sind extreme Sturmtiefs, die sich vor allem in tropisch-subtropischen Breiten wie etwa in der Karibik oder im Golf von Mexiko entwickeln. Der US-Wetterdienst teilt Wirbelstürme auf der Saffir-Simpson Hurrikan Skala in fünf Kategorien ein. Dabei ist die höchste Kategorie, »Fünf«, nach oben offen. Eine Kategorie »Sechs« oder höher gibt es also nicht. Die Typisierung gibt vor allem Rettungsdiensten und betroffenen Gemeinden eine bessere Vorstellung von dem, was sie erwartet. Hurrikane mit Windstärken von 119 bis 153 Kilometer pro Stunde (km/h) fallen in die Kategorie »Eins« (zum Vergleich: Die Windstärke 12 Beaufort beginnt bei 117 km/h). Dabei können zwar schon mal Wohnwagen durch die Luft fliegen oder Bootsanleger in Kleinholz zerlegt werden. Kategorie-Fünf-Winde mit mehr als 249 km/h legen aber Häuser und ganze Fabrikgebäude flach. Dann kann es nötig sein, Wohngebiete in bis zu zwanzig Kilometern Küstenabstand zu evakuieren. Dies passiert statistisch gesehen nur alle paar Jahrzehnte. Die letzten »Fünfer« waren der Hurrikan »Mitch«, der 1998 Teile Mittelamerikas verheerte, und der Hurrikan »Gilbert«, der 1988 durch den Golf von Mexiko zog. Auch der Hurrikan »Katrina«, der Ende August 2005 im US-Bundesstaat Mississippi eine Spur der Verwüstung hinterließ, zählte zu Kategorie 5 und überdies zu jenen fünf Wirbelstürmen, die die meisten Menschenleben forderten. Schon kurz darauf, im Oktober 2005, tobte sich der nächste Hurrikan dieser Kategorie, »Wilma«, über Florida aus.

Wie heißt der Speisefisch, der auf den Kanalinseln als *Huss* verkauft wird, auf Deutsch?

Dahinter verbirgt sich der Großgefleckte Katzenhai – *Sycliorhinus stellaris*. Wie sein naher Verwandter, der Kleingefleckte Katzenhai, weist er auf dem Rücken und an den Seiten größere dunkle Flecken auf. Großgefleckte Katzenhaie werden bis zu eineinhalb Meter lang und leben vorwiegend in küstennahen Gewässern der Britischen Inseln und des Golfs von Biscaya in Tiefen bis zu hundert Metern. Dort ernähren sie sich von Muscheln, Austern, Krabben, Hummern und kleineren Fischen. Ihren zweiten Namen »Large-spotted Dogfish« verdanken sie ihrem Jagdverhalten. Katzenhaie gehen nämlich gerne in größeren Rudeln auf Beutefang. Gelegentlich wird auch der nahe verwandte Dornhai *Squalus acanthias* in der Literatur als »Huss« bezeichnet, der hierzulande als »Schillerlocke« in den Auslagen der Fischgeschäfte landet. Wie Mitarbeiter des Nationalen Aquariums von Schottland versichern, ist auf den Inseln im Ärmelkanal mit »Huss« oder »Bull Huss«, wie er auch genannt wird, immer der Katzenhai gemeint.

Gibt es eine gültige Definition des Begriffes *Hydrographie*?

Der Brockhaus definiert die Hydrographie als »Teilgebiet der Hydrologie, das sich mit den fließenden und stehenden unter- und oberirdischen Gewässern des Festlandes befasst«. Der Verweis auf die Festlandgewässer und die Hydrologie, auf die Gewässerkunde also, kann allerdings in die Irre führen. In *Meyers Neuem Lexikon* ist die Hydrographie ein Spezialzweig der Geodäsie, vereinfacht gesagt der Vermessungskunde. Die Hydrographie ist die »Wissenschaft, die sich mit der Feststellung der Umrisse, Ausmaße und Tiefen der gesamten Gewässer (Meere, Flüsse, Seen, Grundwasser) befasst, diese beschreibt und in Karten darstellt. Die Hydrographie stellt das Relief des Beckens fest, in dem das Wasser steht oder sich bewegt.« Letzten Aufschluss bietet die *Encyclopaedia Britannica*. Dort ist nachzulesen, dass die Begriffe Hydrographie bzw. Hydrograph bereits Mitte des 16. Jahrhunderts entstanden; Alexander Dalrymple (1737–1808) ging als erster Hydrograph in die Annalen der Royal Navy ein. Bei seiner Profession handele es sich um die »Kunst und Wissenschaft« – in dieser Reihenfolge –, Karten der vom Wasser bedeckten Gebiete herzustellen und die Ozeantiefen sowie Richtung und Stärke der dort vorherrschenden Strömungen zu studieren.

J

Wo genau liegt die *Indianapolis*, die 1945 im Pazifik gesunken ist?

Bei dem schweren Kreuzer USS *Indianapolis* handelt es sich um das US-Kriegsschiff, das am 26. Juli 1945 jene beiden Atombomben auf der Pazifik-Insel Tinian ablieferte, die wenig später über Hiroshima und Nagasaki abgeworfen wurden. Kurz darauf nahm die *Indianapolis* von Guam aus Kurs auf die Philippinen. Es sollte die letzte Reise des 200 Meter langen Kreuzers werden. Am 30. Juli geriet das Schiff in das Fadenkreuz eines japanischen U-Boots. Kurz nach Mitternacht ließ dessen Kommandant sechs Torpedos abfeuern. Eines sprengte den Bug des Kreuzers weg, der zu diesem Zeitpunkt 17 Knoten Fahrt machte. Tausende Tonnen Wasser drangen in die vorderen Decks ein. Kaum eine Viertelstunde später ging das Schiff auf 12 Grad 2 Minuten Nord und 134 Grad 48 Minuten Ost mit dem Bug voran unter. Zwar gelang es 900 Männern der knapp 1200-köpfigen Besatzung gerade noch rechtzeitig, über Bord zu springen. Doch als der Morgen graute, begann für die teils schwer verwundeten Überlebenden ein

Martyrium: mit viel zu wenigen Rettungsflößen, ohne Trinkwasser, ohne Nahrung, von großen Öllachen umgeben, umwimmelt von Haien. Als ein Patrouillenflugzeug vier Tage später eher zufällig die Männer entdeckte und Schiffe zu deren Rettung abkommandiert wurden, konnten nur noch 317 Besatzungsmitglieder gerettet werden. Alle anderen waren ertrunken oder von Haien getötet worden.

Ist die *Japanische Seespinne* tatsächlich die größte Spinne überhaupt?

Wie unsere heimischen Strandkrabben, so zählen auch Seespinnen zu den Krebstieren, genauer: zur Unterordnung der Echten Krabben. Daher ist sie keine Spinne – allein schon, weil sie nicht acht, sondern zehn Beine hat, wie es sich für einen anständigen Krebs gehört. Insgesamt zählt die Familie der Seespinnen etwa 800 Arten. Manche dieser Krebstiere, die aufgrund ihrer Körperform treffend auch Dreieckskrabben genannt werden, messen nur wenige Zentimeter. Andere dagegen gehören ins Guinness-Buch der Rekorde, so die Japanische Seespinne, die größte lebende Art unter ihresgleichen. Wenn ausgewachsene Exemplare ihr langes, dünnes scherenbestücktes Vorderbeinpaar recken und strecken, sind Spannweiten von mehr als drei Metern keine Seltenheit, manche bringen es sogar auf vier Meter. Dabei weist der kalkpanzerbewehrte Körper »nur« einen Durchmesser von knapp vierzig Zentimetern auf. Die »Stelzenläufer« siedeln ausschließlich im nördlichen Pazifik an den Küsten einiger japanischer Inseln. Dort verbringen sie den Sommer in Wassertiefen um die dreihundert Meter. Bei Anbruch der kalten Jahreszeit zieht es die Zehnfüßer in flachere, inselnähere Bereiche, die um die 50 Meter tief sind. Dort geraten die bis zu 20 Kilogramm schweren Krustentiere bisweilen in die Netze der Küstenfischer. Die sehr seltene Japanische Seespinne trägt den zoologischen Namen *Macrocheira kaempferi*; sie wurde erstmals von einem deutschen Arzt namens Engelbert Kämpfer beschrieben, der Japan zwischen 1690 und 1692 bereiste.

Woher haben Hilfsmaschinen auf Schiffen den Kosenamen *Jockel*?

»Jockel bedeutet Depp oder Dummkopf«, hilft uns Schiffseigner Albrecht Scheubner. »Normalerweise wird der Bordstrom ja mit der Hauptmaschine erzeugt und in Batterien gespeichert. Sind die Batterien leer, dann wird der Jockel gebraucht. Er ist zu nichts anderem gut, also gewissermaßen der Depp an Bord.« Diversen Wörterbüchern zufolge hat die Bezeichnung Jockel als vermeintliche Koseform des Vornamens Jakob einen abschätzigen Beigeschmack. Albrecht Scheubner hat aber noch eine zweite Erklärung parat: »Vielleicht kommt der Ausdruck auch von juckeln oder joggeln, was so viel wie ›langsam laufen‹ bedeutet. Das ist ja beim tuckernden Jockel der Fall.« Das meint auch der Duden: Im Band vier des Großen Wörterbuchs der deutschen Sprache heißt es zum Schlagwort »juckeln« in Bezug auf ein Fahrzeug: »langsam, ohne Eile holpernd, tuckernd o. ä. fahren«.

Ist Meersalz per se jodhaltig, oder wird das *Jod* zugesetzt?

Meerwasser enthält Jod, aber Meersalz deswegen noch lange nicht. Es kommt darauf an, wie es gewonnen wird.

An Frankreichs Atlantikküste etwa, wo es von Hand geschöpft wird und nur durch Sonne und Wind aus dem Meerwasser kristallisiert, enthält es relativ große Mengen Jod. Das hochwertigste dieser Salze wird Fleur de sel, Blume des Salzes, genannt. Neben Natriumchlorid und Jod weist natürliches Meersalz etwa 80 weitere Inhaltsstoffe auf. Geschmacklich wird es von Kennern geschätzt, hat andererseits aber auch seinen Preis. Bei der industriellen Produktion dagegen wird Meerwasser bei hohen Temperaturen verdampft. Dabei entweicht das sehr gut wasserlösliche Jod aus dem Salz. Kein Wunder also, dass industriell gewonnenes Meersalz häufig nachträglich mit Jod angereichert wird. Äußerlich lässt sich natürliches Meersalz an seiner eher gräulichen Farbe erkennen. Es enthält keine optischen Aufheller. Dafür ist es feuchter und grobkörniger.

K

Wie alt werden die *Kaiserpinguine* in der Antarktis?

Erstaunlicherweise gibt die Literatur auf den ersten Blick nur wenig zum Thema her. Offenbar erforschen die Biologen, die sich mit diesen Tieren befassen, eher ihre Rolle im polaren Nahrungsnetz. Der englische Autor Richard Laws behauptet in seinem Buch *Antarctica – The last frontier*, Kaiserpinguine würden eventuell bis zu achtzig Jahre alt. Eine überraschende Aussage, die bei Fachleuten auf ungläubiges Staunen stößt. Rory Wilson, Pinguinexperte aus Kiel, meint: »Ich wäre sehr überrascht, wenn Kaiserpinguine in freier Natur älter als zwanzig Jahre werden.« Ähnliche Zahlen werden auch für andere Pinguinarten genannt. Während Königspinguine im Zoo schon bis zu 28 Jahre alt wurden, erreichen die putzigen Vögel unter den harschen Bedingungen des Sechsten Kontinents kaum mehr als 15 Lebensjahre. Und auch dazu müssen die jungen Königspinguine erst einmal ihren ersten Winter überleben. Kaiserpinguine brüten auf dem winterlichen Packeis. Wenn ihre Küken schlüpfen, ist zwar der Frühling im Anmarsch. Doch falls die Packeisdecke zu früh oder zu spät aufbricht, kann dies für den gesamten Nachwuchs einer Kolonie den Tod bedeuten.

Was ist ein *Kajak*, was ein *Kanu*?

»… und was ein ***Kanadier***?«, ließe sich ergänzen. Angesichts der mehrtausendjährigen Entwicklungsgeschichte dieser Bootstypen hängt die Antwort auf die K-Frage ab von der Nationalität dessen, der sie beantwortet. Im Deutschen ist »Kanu« Oberbegriff für alle Paddelboote; dazu zählen offene und geschlossene Boote. Offene heißen Kanadier und werden per Stechpaddel, geschlossene heißen Kajaks und werden per Doppelpaddel bewegt. (Ausnahmen bestätigen diese schlichte Definition). Das Wort »kanu« ist indianischer Herkunft. Die offenen Boote wurden in tropischen und subtropischen Regionen Amerikas aus dem Einbaum entwickelt und erreichten ihre höchste Blüte in Nordamerika. Als britische Kolonisatoren bei der Erkundung Nordamerikas auf die leichten, schnellen Boote stießen, übernahmen sie den Begriff – und übertrugen ihn später auf die noch schnelleren, geschlossenen Kajaks der Inuit. Heute spricht man in Britannien von »canoe« als Oberbegriff, von »canadian«, wenn man offene Kanadier meint. Jenseits des Atlantiks sorgt diese Sprachlösung für Erheiterung, denn so kommt es schon mal zum Ausdruck »canadian canoe«. Denn in Kanada und den USA bezeichnet Kanu auch heute noch nur das, was wir Kanadier nennen.

Sind die jüngsten Gletscherabbrüche in der Antarktis eine Folge des Klimawandels?

»Gewaltiger Eisberg versperrt den McMurdo-Sund«, titelte die *Frankfurter Allgemeine Zeitung* Anfang 2005. »B15A blockiert den Zugang zu Forschungsstationen«. Die Rede war von einem gewaltigen Tafeleisberg, der im März 2000 im antarktischen Rossmeer entstanden war. Dort hatte sich eine 300 mal 40 Kilometer messende Eistafel vom Ross-Schelfeis gelöst und war bald darauf in mehrere Teile zerbrochen. Die mit 3000 Quadratkilometern größte dieser Eisinseln, von den Wissenschaftlern als B15A katalogisiert, trieb im Lauf der Jahre durch das Rossmeer und lief schließlich im McMurdo-Sund auf Grund. Die Geburt der Tafeleisberge, das ***Kalben***, ist nicht zwangsläufig eine Folge des Treibhauseffekts. Darin sind sich deutsche Polarforscher mit ihren Kollegen vom British Antarctic Survey einig: »Das ***Kalben*** in dieser Region ist ein Vorgang, der sich von Zeit zu Zeit wiederholt«, meint Dr. Hans Oerter vom Alfred-Wegener-Institut in Bremerhaven und verweist auf einen 150 mal 35 Kilometer großen Tafeleisberg, der im Oktober 1998 im antarktischen Weddellmeer vom Ronne-Schelfeis abgebrochen war. Dort habe sich die Eisfront lediglich auf den Stand von 1947 zurückgezogen. Zehn Breitengrade weiter nördlich, an der Antarktischen Halbinsel, scheint der Klimawandel indes schon in vollem Gange zu sein. An ihrer Ostseite brach 1995 eine 70 mal 25 Kilometer große Eistafel vom Larsen-Schelfeis ab. Fast gleichzeitig lösten sich an seinem nördlichen Ende weitere 2000 Quadratkilometer Schelfeis in zahllose kleine Eisberge auf. Eine Fläche fast so groß wie das Saarland. Noch dramatischer erging es dem Wordie-Schelfeis an der Westseite der Halbinsel. Nach jahrzehntelangem Bröseln umfasst es nur noch ein Viertel seiner ursprünglichen Fläche. Die regionale Temperaturerhöhung von 2,5 Grad Celsius während der letzten fünf Jahrzehnte spielt dabei vermutlich eine Schlüsselrolle.

Wie werden extrem tiefe Temperaturen in Arktis und Antarktis gemessen?

Alle drei Stunden erklingt in der antarktischen Neumayer Station des Alfred-Wegener-Instituts für Polar- und Meeresforschung (AWI) der »Obs-Song« – eine abgewandelte Version des Kanons über den verschlafenen Bruder Jakob. Er erinnert an die notwendigen Beobachtungen des Wetters, wie zum Beispiel die Temperaturmessung, die in zwei Metern Höhe über dem Boden stattfinden sollen. Dasselbe umfangreiche Mess-Programm findet übrigens auch am anderen Pol der Welt statt, allerdings ohne akustische Erinnerung. In unseren Breiten genügen Quecksilber-Thermometer für die Messung. Da deren Inhalt allerdings bei für polare Verhältnisse schlappen minus 38,9 Grad Celsius erstarrt, setzen die Bremerhavener Forscher bei ihren Temperaturmessungen so genannte Pt-100-Thermometer ein. »Das sind Widerstandsthermometer mit einem dünnen Draht aus Platin (Pt), dessen elektrischer Widerstand pro Grad Celsius um 0,385 Ohm steigt«, erklärt AWI-Mitarbeiter Helmut Tüg (†). Bei Raumtemperatur entwickelt das Pt-100, nomen est omen, einen Widerstand von etwa 100 Ohm. Seine Messgenauigkeit beträgt ein Hundertstel Grad Celsius. Damit lassen sich dann auch Spitzenwerte wie die minus 47,3 Grad messen, wie am 19. August 1992 an der Neumayer Station. Weiter südlich, nahe des Südpols, waren es aber schon minus 89,2 Grad – der absolute ***Kälterekord*** bis jetzt.

Was sind *Kaltwasserkorallen*?

Korallenriffe: Schwämme, Seeigel, Muscheln, Schnecken, Fische in allen Farben, ein wimmelnder Kosmos – bis vor einigen Jahrzehnten waren Forscher überzeugt, dass es sie nur im flachen, tropischen Wasser gibt. Jetzt wissen sie, dass der Großteil aller Korallen in kalten, zum Teil sogar lichtlosen Tiefen wächst. Dort ernähren sie sich ausschließlich von Kleinstpartikeln aus dem Wasser. In Tiefen von 40 bis zu 3000 Metern beherbergen diese sensiblen Ökosysteme zwar nicht so viele Arten wie ihre tropischen Verwandten, sind aber wichtige Kinderstube für viele Fische. Kaltwasserkorallen wachsen genauso langsam und bilden ebenfalls riesige Riffe, wie das Röst-Riff vor Norwegen. Noch wissen wir wenig darüber, wo sie überall zu finden sind. Aber kaum entdeckt, sind die Wunder der Tiefsee schon bedroht. Tonnenschwere Schleppnetze rasieren den Meeresboden regelrecht ab. Etliche Riffe im Ostatlantik sind bereits weitgehend zerstört. »Tiefseefischerei ist mit dem Kahlschlag eines Urwalds gleichzusetzen. Ein Grundschleppnetz zerstört alles, was ihm in den Weg kommt«, erklärt Antje Helms, Meeresbiologin bei Greenpeace.

Warum wird *Kap Ho(o)rn* mal mit einem, mal mit zwei »o« geschrieben?

Drake-Passage und Kap Hoorn – da bekommen Seefahrer glänzende Augen. 1616 wurde das steil aufragende Kap am südlichen Ende Feuerlands erstmals umrundet. Freilich nicht von Sir Francis Drake, dessen Namen das Seegebiet vor dem Kap Hoorn, zwischen Südamerika und Antarktischer Halbinsel trägt – der Brite bevorzugte die Fahrt durch die Magellanstraße. Nein, Willem Corneliszoon Schouten hieß der Seefahrer, der die Passage als erster Europäer meisterte. Er stammte aus Hoorn, einer kleinen, im 17. Jahrhundert jedoch bedeutsamen Hafenstadt am westlichen Ufer der holländischen Zuidersee. Ihr Name leitete sich vom hornartig gebogenen Wasserlauf ab, in dem die Hoorner

Schiffe ankerten. Während sich jenseits des Ärmelkanals die englische Schreibweise für Hoorn, Horn, durchgesetzt hat, schreibt uns der Duden die beiden Original-»o« vor.

Warum ist es am *Kap Hoorn* so stürmisch?

Mit zerfetzten Segeln brachten sie sich einst in der Bucht von Stanley auf den Falkland-Inseln vor den Stürmen um Kap Hoorn in Sicherheit. Inzwischen sind Wracks wie das der Bark *Jhelum* oder das des Kohlenfrachters *Charles Cooper* eine Touristenattraktion. Im späten 19. Jahrhundert wurden sie alle Opfer der »roaring fourties« und »screaming fifties«. Beim Versuch, das Kap zu umrunden, segelten oder dampften die Schiffe entlang der Polarfront, einem Gebiet, das von extremen horizontalen Temperaturunterschieden in der Luft und im Ozean geprägt ist. Dadurch werden Tiefdruckgebiete mit starken Windgeschwindigkeiten ausgelöst. In dieses Westwindband ragt die Südspitze Südamerikas mit dem Kap Hoorn hinein. Die Windgeschwindigkeiten sind hier auch deswegen höher als in den entsprechenden Bereichen der Nordhalbkugel, weil der Wind kaum durch Kontinente abgebremst wird. Im Gegenteil: Kap Hoorn und die 600 Seemeilen entfernte Antarktische Halbinsel wirken im sonst weithin offenen Ozean wie eine Düse, die eine frische Brise leicht zum Sturm werden lässt.

Warum zeigen *Karten* heute Norden fast immer oben?

Australier, das stellen sich viele europäische Kinder beim Blick auf den Globus vor, stehen eigentlich kopfüber. Natürlich ist dem nicht so. Eine Kugel kennt kein oben und unten. Daher ist auch die Ausrichtung von Karten nicht naturgegeben. Der Kartograph Professor Joachim Neumann erklärt: »Bis ins 15. Jahrhundert zeigten christliche Weltkarten Osten oben, dort lagen nämlich die heilige Stadt Jerusalem und das Paradies.« »Orientieren« bedeutete ursprünglich »nach Osten ausrichten«. Nicht nur die christliche, auch die muslimische Religion prägte ein eigenes Kartenbild: Noch bis ins 20. Jahrhundert waren arabische Karten auf Mekka ausgerichtet. Genordete Karten kamen erst auf, nachdem der Kompass vom Orient nach Europa gelangt war. Ab dem 14. Jahrhundert orientierten sich immer mehr Seefahrer an der nach Norden zeigenden Kompassnadel. Einheitliche Karten mit gleicher Ausrichtung wurden für den wachsenden internationalen Seehandel immer wichtiger und sind heute weltweit Standard.

Stimmt es, dass der Meeresspiegel des *Kaspischen Meeres* sehr stark schwankt?

Im vergangenen Jahrhundert stieg der globale Meeresspiegel um 17 Zentimeter an. Das ist nichts im Vergleich zum Kaspischen Meer. Dort machen die Pegel erheblich größere und schnellere Sprünge. Vor allem in den 30er- und 70er-Jahren des vorigen Jahrhunderts sank der Wasserstand des weltweit größten Binnengewässers jährlich um etwa 15 Zentimeter ab. Ursache waren Klimaveränderungen und landwirtschaftliche Bewässerungsprojekte entlang der Wolga. Sie ist mit 3500 Kilometern Länge der wichtigste Zufluss des Kaspischen Meeres und trägt allein vier Fünftel zu seiner Wasserbilanz bei. Bis in die 1990er Jahre nahm der Wasserstand des Kaspischen Meeres dann wieder mit 15 bis 20 Zentimetern pro Jahr zu. Insgesamt stiegen die Pegel um 2,5 Meter. Das Meer trat über die Ufer und überschwemmte die angrenzenden Küstensäume. Stellenweise wich das Ufer um 25 Kilometer zurück. Seitdem schwankt die Meeresspiegelkurve des Mare Caspium in geringerem Maß. Zwar zählt das Gebiet zu den tektonisch unruhigen Zonen unseres Planeten. Wissenschaftler machen indes vor allem regionale klimatische Veränderungen für die unterschiedlichen Wasserstände verantwortlich. Während die Niederschläge ehemaliger atlantischer Tiefdruckgebiete in kühleren Klimaphasen über dem Wassereinzugsgebiet des Kaspischen Meeres niedergehen, verschieben sich die Wetterzonen in wärmeren Zeiten nordwärts. Welche weiteren Faktoren für die Seespiegelschwankungen verantwortlich sind, wird derzeit im Rahmen eines international angelegten UN-Forschungsprojektes erkundet.

Wie heißt der Zeitpunkt zwischen Ebbe und Flut, zu dem das Wasser, wenn auch nur für einen kurzen Moment, stillsteht?

Eine Frage, die wieder einmal zeigt, dass es im Reich des Maritimen zwar einfache Fragen, kaum aber einfache Antworten gibt. Seeleute wie Nautiker Roland Priebe bezeichnen die Zeit zwischen Ebbe und Flut als Stauwasser. Damit ist freilich nur der ungefähre Zeitraum, in dem der Tidenstrom stillzustehen scheint, umrissen. Für das Navigieren eines Schiffes reicht diese praxisnahe Definition allemal. Der unendlich kurze Moment aber, in dem sich der Tidenwechsel vollzieht, wird als ***Kenterpunkt*** bezeichnet. Merke: Nicht nur Segelboote, auch Tiden kentern – und das nicht unbedingt zweimal täglich.

Wie gelangt bei den Fischen der Sauerstoff ins Blut?

Das, was dem einen seine Lunge, sind dem anderen seine ***Kiemen***. Fische nehmen das Wasser durch das Maul auf und leiten es über ihre Kiemen, die aus vielen feinen Blättchen bestehen. So bietet dieses Austauschorgan für Sauerstoff und Kohlendioxid insgesamt eine große Oberfläche – beim Karpfen etwa einen halben Quadratmeter. Zum Vergleich, die Lungenoberfläche eines Erwachsenen Menschen misst etwa 70 bis 80 Quadratmeter. Genau wie die Lungenbläschen sind auch die Kiemenblätter von feinen Blutbahnen durchzogen. Die Zellmembranen der Blättchen sind sehr dünn, und so können Kohlendioxid und Sauerstoff leicht hindurchtreten. Dabei folgen sie dem Konzentrationsgefälle. Im Wasser ist mehr Sauerstoff als im verbrauchten Blut, das aus dem Körper der Fische in die Kiemen zurückkehrt. Kohlendioxid wandert aus dem Blut ins Wasser, das Blut nimmt im Gegenzug Sauerstoff auf. Das ganze funktioniert nach dem Gegentauscher-Prinzip, das sauerstoffreiche Wasser fließt also gegenläufig zum Blutstrom über die Kiemen. So ist sichergestellt, dass das Konzentrationsgefälle aufrechterhalten wird. Das Wasser, das schon einen Großteil seines Sauerstoffs an das Fischblut abgegeben hat, trifft nämlich am Ende seines Weges durch die Kiemen auf das direkt aus dem Körper zurückkehrende Blut. Dessen Sauerstoffkonzentration ist am niedrigsten, da es seinen Sauerstoff an die Muskeln und Organe abgegeben hat. Nach diesem Prinzip arbeiten auch Vogel- und Säugerlungen. Manche Fische, die in sauerstoffarmen oder sehr flachen Gewässern leben, haben zusätzliche Atmungsorgane, mit denen sie wie wir Menschen an der Luft atmen können. Daher rührt die Bezeichnung Lungenfische. Andere Fischarten können den Sauerstoff bei Bedarf über die Haut oder über den Darm aufnehmen.

Was macht ein *Klabautermann*?

Poltern, Klopfen, Hämmern – wenn diese Geräusche an Bord eines Schiffes zu hören sind, ist alles in Ordnung. Sie beweisen: Der Klabautermann hat angeheuert. Schon Heinrich Heine nennt ihn den »guten, unsichtbaren Patron der Schiffe, der da verhütet, dass den treuen Schiffern Unglück begegne«. Er hilft Matrosen bei der Arbeit und weist mit seinem Klopfen den Schiffszimmermann auf Schwachstellen im Rumpf hin. Dazu trägt er seinen Kalfathammer bei sich. Den braucht man zum Kalfatern, also um Ritzen zwischen den Planken mit Teer und Werg abzudichten. Vom Wort »kalfatern« leitet sich auch sein Name ab. An Bord kommt der Kobold schon beim Bau eines Schiffes, und er hilft kräftig mit; verlassen tut er es nur, wenn es dem Untergang geweiht ist oder die Mannschaft ihn schlecht behandelt. Sehen können das Männchen mit Meerschaumpfeife und Segeltuchhose jene, die am 22. 2. um Mitternacht geboren sind. Allen anderen zeigt er sich nur, wenn Gefahr droht. Daher machen ihn manche auch verantwortlich, wenn etwas Schlimmes passiert. Doch solange der Klabautermann an Bord poltert, findet das Schiff sicher in den Hafen zurück.

Woher kommt das rätselhafte *Knistern*, das man bei Segeltörns häufig nachts am Schiffsrumpf hört?

»Und dann im Abendrot/mach ich das Abendbrot/auf unserem Segelboot«, und das ist wunderbar – still. Doch vor allem in warmen Gewässern ist es mit der Ruhe in der Koje oft vorbei. Es knistert und knackt ohne Unterlass, verstärkt durch die Resonanz des Schiffsrumpfs. Kein friedliches Unterwasserkonzert ist hier zu hören, sondern das Ballern der Pistolenkrebse, die ihr Abendbrot jagen. Die kleinen Krustentiere schnappen ihre vergrößerte Schere so schnell zu, dass ein Wasserstrahl mit bis zu 90 km/h hervorschießt. Dabei reiben die Wasserpartikel so stark aneinander, dass sie sich auf über 4500 Grad Celsius erhitzen. Das Wasser verdampft, und eine Luftblase bildet sich. Diese implodiert dann mit einem Knall, der so laut ist, dass schon mancher Skipper davon heftig erschreckt wurde. Ihre Beute lähmen oder töten die Krebse mit Strahl und Knall regelmäßig – immerhin sind sie dabei etwa so laut wie ein Düsenflugzeug. Doch nicht nur die Krebse lärmen im Meer, auch drei Viertel aller Fische geben Laute von sich, die von Türknarren bis zu Trommelsalven reichen und schon viele Unterwasserlauscher verwirrt haben. Sie finden das unglaublich? Horchen Sie mal unter http://dosits.org/gallery/intro.htm.

Was ist ein *Kohlfisch*?

»Ein nordischer Seefisch mit schwarzer Schnauz«, so beschreibt ihn 1854 das *Deutsche Wörterbuch* der Gebrüder Grimm. Schwarz wie ein Köhler – einer der vielen Namen des Kohlfischs – ist er aber nur auf der Oberseite (wobei diese auch dunkelviolett oder grünlich schimmern kann). Das Maul ist ebenfalls schwärzlich, die Flossen grau, der Bauch weiß. Der Unterkiefer steht bei älteren Kohlfischen stark vor. Der Kinnfaden fehlt oft, obwohl der Fisch eng mit Dorschen verwandt ist, die diese Bartel typischerweise tragen. Früher wurden bis zu 1,70 Meter lange und 30 Kilogramm schwere Brocken in Nordatlantik und Nordsee gefangen. Doch seit den dreißiger Jahren wird Kohlfisch unter dem Namen Seelachs vermarktet – eine derart gute Strategie, dass das grauweiße, feste Fleisch immer häufiger in deutschen Pfannen und Töpfen landete und der Bestand stark überfischt wurde. Acht Prozent allen verzehrten Fisches stammt hier zu Lande mittlerweile von *Pollachius virens*, meist als Fischstäbchen oder als Seelachs oder Lachsersatz, dann meist kräftig rot gefärbt. Dabei muss sich der schmackhafte Köhler weder als Fischfrikadelle noch als Filet hinter seinem Cousin, dem Lachs, verstecken.

Ist die ***Korallenbleiche*** auch auf Satellitenbildern zu erkennen?

In den letzten Jahren hat sich die Auflösung der Satelliten im All stark verbessert, sodass Späher wie die IKONOS mit Auflösungen von ein bis vier Metern auch das Ausbleichen von Korallen erkennen können. Allerdings bleibt nach wie vor die indirekte Methode über die Auswertung von Wassertemperaturen an der Oberfläche ein wichtiges Instrument. So hat im Sommer 2006, während eines der größten Ausbleichungs-Ereignisse im australischen Great Barrier Reef, der Satellit MODIS mit seiner wesentlich geringeren Auflösung wertvolle Daten geliefert. Korallen vertragen nur eine sehr enge Temperaturspanne. Ist es zu kalt, sterben sie, ist es zu warm, stoßen sie ihre wichtigen Algen-Untermieter aus. Auf diese sind sie aber angewiesen, da sie mit ihnen in einer engen Partnerschaft leben. Bleiben die Temperaturen zu lange sehr warm, sterben die Korallen ebenfalls ab. Die Untermieter verleihen ihnen auch ihre bunten Farben. Daher führen hohe Temperaturen zu dem Ausbleichen der Korallen. Um genau zu wissen, was vor Ort vor sich geht, sind aber auch Taucher immer noch unersetzlich.

Wirkt die Gezeitenkraft des Mondes auch auf das Wasser im menschlichen Körper?

Die durch Mond und Sonne verursachten Gezeiten laufen als Ebbe- und Flut-Welle tagtäglich durch die Ozeane und ihre Nebenmeere. Selbst die Kontinentalplatten schwingen im Rhythmus der Gezeiten sachte auf und ab. Die Kräfte, die diese vertikalen Bewegungen an der Erdoberfläche verursachen, übersteigen menschliche Vorstellungskraft. Es wundert nicht, dass mehr als ein Zehntel aller Deutschen glaubt, der Mond beeinflusse möglicherweise durch ***Körpergezeiten*** den Verlauf von Krankheiten. Edgar Wunder, Geschäftsführer der Gesellschaft für Anomalistik, die sich mit parawissenschaftlichen Phänomenen beschäftigt, weiß, dass keine wissenschaftliche Studie Zusammenhänge zwischen Mondphasen und Krankheitsverläufen zeigt. Und selbst wenn, wären diese nicht durch Ebbe und Flut im Körper verursacht. Dazu reicht die Wassermasse im menschlichen Körper bei weitem nicht aus. Zwar beeinflussen sich Massen im Prinzip gegenseitig. Aber dieser Effekt wird von der Entfernung der jeweiligen Körper voneinander sowie ihrer Größe beeinflusst. Rein rechnerisch übt die Masse eines vorbeifahrenden Lastwagens einen größeren Effekt auf den menschlichen Körper aus als die des Mondes.

Welche Krebse machen im Frühjahr Kubas Straßen unsicher?

Bei diesen Tieren handelt es sich um Landkrabben der Familie der *Gecarcinidae*. Sie leben in jenen Sumpfwäldern, die das Hinterland der Schweinebucht an Kubas Südwestküste bilden. Dort legen sie Wohnhöhlen im feuchten Waldboden an und ernähren sich von Früchten und Pflanzenresten. Eiablage und Fortpflanzung finden jedoch im Karibischen Meer statt. An Aprilabenden ergießt sich eine mehrere Dutzend Kilometer breite ***Krabbeninvasion*** aus den Wäldern Richtung Ozean. Dabei müssen die Tiere auch die verkehrsreiche Küstenstraße passieren, die ins Touristenzentrum Playa Girón führt – und das wird vielen zum Verhängnis. In der Laichsaison ist die Straße mit einer zentimeterdicken, rötlichen Paste aus überfahrenen Krabben bedeckt. Auch die Autofahrer müssen leiden: Viele bleiben mit aufgeschlitzten Reifen liegen. Im März 2001 erwischte es auch Teilnehmer der Konferenz, die zum 40. Jahrestag der Schweinebucht-Invasion stattfand. Mehr als 20 Reifen wurden Opfer der scharfen Krabbenschalen. Ganz zur Freude örtlicher Automechaniker, die während »ihrer« Krabbensaison täglich bis zu 100 Reifen flicken müssen.

Wie lang sind die Meeresküsten der fünf Erdteile? (*Küstenlänge*)

In seinem Buch *Die fraktale Geometrie der Natur* gibt der Chaostheoretiker Benoît Mandelbrot folgende Anekdote zum Besten: Ein Bekannter ließ Kinder die Länge der US-amerikanischen Ostküste schätzen. »Nachdem ein ›vernünftiger‹ Wert geraten wurde … erklärte er, dass diese Zahl enorm größer wird, wenn der Umfang jeder kleinen Bucht mit vermessen wird, dann der von jedem Vorsprung und jeder Krümmung, dann der Abstand zwischen den kleinen Teilchen, jedem Molekül, jedem Atom usw. Offensichtlich ist die Küste so lang, wie ihr sie machen wollt. Die Kinder haben das sofort verstanden – mit Erwachsenen hatte er mehr Mühe.« So gesehen haben Sie uns ein vertracktes, um nicht zu sagen fraktales Problem aufgegeben. Mandelbrot meint, »alle Messmethoden führen letztlich zu dem Schluss, dass die Länge einer typischen Küstenlinie sehr groß und so schlecht bestimmt ist, dass sie am besten als unendlich angesehen wird.« Bleibt also nur die zweitbeste Lösung: Und da kommt es entscheidend auf den Maßstab der Karten an, die man verwendet. Will man etwa eine stark zergliederte Fjordküste ausmessen, so variiert die Länge typischerweise um das Fünffache – je nachdem, ob man Karten im Maßstab 1:30 Millionen oder 1:50 000 zugrunde legt. Mit Blick auf die fünf Kontinente ergeben sich bei einem mittleren Maßstab von etwa 1:200 000 folgende Werte: Europa 37 200 km, Asien 70 600 km, Amerika 104 200 km, Afrika 30 500 km, Australien 19 500 km, Antarktis 24 300 km. Macht zusammen 286300 Kilometer. Manche Autoren, die feinere Maßstäbe zugrunde legen, kommen auf 500 000 oder gar 777 000 Kilometer, immerhin das Neunzehnfache des Äquatorumfangs. Fazit: Es kommt also ganz darauf an …

L

In meiner Kochbuch-Sammlung habe ich ein Rezept aus dem 19. Jahrhundert für *Laberdan* gefunden, aber meine Lexika führen diesen Fisch nicht auf. Gibt es ihn noch?

Die Antwort finden wir im südfranzösischen Bayonne, nahe der spanischen Grenze. Dort gründeten die Römer einst das Militärlager »Lapurdum«, das ebenfalls als Hafen diente. Der Name ging als »Labourdain« ins Altfranzösische über. Noch heute ist die Region als »Pays de Labourd« bekannt. Seit dem Ende des Mittelalters segelten baskische Fischer von dort zu den überaus reichen Fischgründen vor Neufundland, um Kabeljau zu fangen. Den legten sie in Salzlake ein, verpackten ihn in Holzfässer und verkauften ihn schließlich als »Laberdan«. Die baskischen Handelsbeziehungen reichten offenbar bis über den Rhein hinweg, denn 1644 taucht der Begriff für so konservierten Kabeljau als »laperthan« erstmals im Neuhochdeutschen auf. Inzwischen ist er allerdings selbst in der Fachwelt weitgehend unbekannt. Im Gegensatz zu Stock- oder Klippfisch, den luftgetrockneten Varianten des Kabeljaus, ist der Laberdan aus dem Sortiment verschwunden. Das ergab jedenfalls eine Nachfrage bei Fischhändlern. In antiquarischen Kochbüchern und im Internet gibt es allerdings noch Laberdan-Rezepte. Wie zum Beispiel die kölsche Spezialität »Laberdan in Senfzaus«, also Kabeljau in Senfsoße.

Wie können *Lachse* zwischen Süß- und Salzwasser pendeln?

Alles, was im Wasser lebt, hat ein Problem: Salz. Knochenfische, zu denen auch der Lachs gehört, brauchen eine konstante Salzkonzentration in ihren Zellen. Diese liegt niedriger als die des Meerwassers, aber über der des Süßwassers. Besteht jedoch zwischen zwei Flüssigkeiten ein Unterschied in der Konzentration der in ihnen gelösten Stoffe, so baut sich der sogenannte osmotische Druck auf. Er sorgt dafür, dass unterschiedliche Konzentrationen von gelösten Teilchen, wie Salz, Zucker oder Proteinen, zwischen Körperzellen und Meerwasser ausgeglichen werden. Da die Salzkonzentration der Lachszellen niedriger ist als die des umgebenden Meerwassers, geben die Fische im Ozean Wasser ab. Um den Wasserverlust auszugleichen, trinken die Tiere viel Meerwasser. Einen Teil des Meersalzes scheiden sie dann über spezielle Zellen in den Kiemen wieder aus. Zudem produzieren sie nur sehr wenig, dafür aber salzigen Harn. An ihren Laichplätzen im Süßwasser der Flüsse kehrt sich ihr Dilemma um: Da der Salzgehalt ihrer Zellen höher ist als der des Flusswassers, nehmen sie Wasser auf – und drohen zu platzen. Um dies zu verhindern, urinieren sie bis zu 100-mal mehr als im Ozean.

Wie gut leitet Meerwasser elektrischen Strom?

Meerwasser enthält im Schnitt 35 Promille, also 35 Gramm, gelöste Salze je Liter; 95 Prozent davon macht unser Kochsalz, das Natriumchlorid, aus. Gelöste Salze liegen ionisiert vor, Kochsalz also als negativ geladene Chlorid-Ionen und positiv geladene Natrium-Ionen. Solche geladenen Teilchen schaffen die Voraussetzung, dass in Flüssigkeit Strom fließen kann. Da Meerwasser viel mehr Ionen hat, leitet es besser als Süßwasser. Umgekehrt: Süßwasser setzt elektrischem Strom einen wesentlich höheren Widerstand entgegen. Eine nur einen Millimeter dünne Süßwasserschicht hat denselben Widerstand wie eine 1,3 Kilometer dicke Schicht Meerwasser mit 35 Promille Salzgehalt. Bei 20 Grad Celsius weist Meerwasser einen spezifischen Widerstand von 0,3 Ohm/Meter auf. Unter denselben Bedingungen beträgt die ***Leitfähigkeit*** 47,5 Mikrosiemens/Zentimeter. Allerdings: Je wärmer das Wasser ist und je größer der Druck, umso beweglicher werden die Ionen. Um den Salzgehalt zu bestimmen, müssen also Druck, Temperatur und Leitfähigkeit immer zusammen gemessen werden.

M

Warum verwendet die moderne Schifffahrt heute keine *Magnetkompasse* mehr?

Im 14. Jahrhundert revolutionierte der Magnetkompass die Schifffahrt in Europa. Erfunden hatten ihn die Chinesen aber schon gut 2500 Jahre zuvor. Damaligen Kapitänen erschien er als Wunder. Er ermöglichte es ihnen, mit bis dahin unvorstellbarer Genauigkeit zu navigieren. »Für die Ansprüche moderner Navigation sind Magnetkompasse nicht genau genug«, sagt der Kapitän der Leitstelle des Forschungsschiffs *Meteor*, Michael Berkenheger. Die Berufsschifffahrt schreibt heute elektrische Kreiselkompasse vor, die sich an der Drehung der Erde orientieren. Daher weisen sie auf den geographischen, nicht auf den magnetischen Nordpol. Magnetkompasse hingegen weichen wegen des unregelmäßigen Magnetfelds der Erde um bis zu über 30 Grad vom geographischen Norden ab. Zudem ändert sich die so genannte Missweisung von Seegebiet zu Seegebiet und von Jahr zu Jahr. Trotzdem sind Magnetkompasse noch heute auf jedem Schiff zu finden. Denn fällt einmal der Strom aus, so nützt auch der genaueste Kreiselkompass nichts mehr. Die Nadel des Magnetkompasses hingegen zeigt auch ohne Strom zum magnetischen Nordpol.

Warum sind die traditionellen *Marinefarben* Blau und Weiß?

Im November 1744 wurde John Russell, der vierte Herzog von Bedford, zum Ersten Lord der britischen Admiralität ernannt. Weil damals in der Royal Navy viel über neue Uniformen disputiert wurde, ließ der Lord eines Tages den Flottenadmiral John Forbes zu sich rufen. Er präsentierte dem Untergebenen etliche Uniformentwürfe und bat ihn um ein Votum für die zweckmäßigsten Farben. Zögerlich schlug Forbes eine Kombination aus den Flaggenfarben Blau und Rot vor. Doch der Herzog belehrte ihn eines Besseren. Der König habe schon längst anders entschieden. »Er hat nämlich meine Herzogin vor einigen Tagen beim Ritt im Park gesehen, in einem blauen Kostüm mit weißen Aufschlägen. Dieser Aufzug hat dem König so gut gefallen, dass er geruhte, ihn zur Marineuniform zu bestimmen.« Überliefert wird diese Anekdote vom Autor Heinz-Hellmut Kohlhaus in seinem Buch *Marineblau – Marinerot. Die Farben der Marineuniformen im Wandel der Zeit*. Bis Blau und Weiß die Marinefarben wurden, sollte indes noch einige Zeit vergehen. Der offizielle Uniformbefehl erging erst am 17. April 1748.

Wie salzig ist gefrorenes Meerwasser, und kann man es zu Trinkwasser schmelzen?

In seinem großartigen Bericht über die Drift der *Fram* durch das Nordpolarmeer schreibt Fridtjof Nansen: »Einige Expeditionen sind in dem Aberglauben befangen gewesen, dass Trinkwasser, in welchem sich die geringste Menge Salz befindet, schädlich sei. Das ist ein Irrtum ...«

Nansens legendärer Fußmarsch war nur möglich, weil er und sein Begleiter Johansen sich quasi von einer ***Meer-eis***-Trinkwasserquelle zur nächsten bewegten – und die enthalten unter Umständen kleine Mengen Salz: »Der über der Oberfläche des Meeres befindliche Theil des Seewassereises, namentlich hervorstehende Stücke, der während des Sommers den Sonnenstrahlen ausgesetzt gewesen ist, wird von dem größeren Theile seines Salzgehaltes befreit, indem die Salzlake nach und nach durch die Poren des Eises versickert; solches Eis liefert daher ausgezeichnetes Trinkwasser.« Denn die Kristallstruktur des Meereises verhindert den Einbau der meisten Salz-Ionen. Die Lücken im Kristallgitter sind nämlich kleiner als die Durchmesser jener sechs Ionen, die 99 Prozent allen Meersalzes bilden. Wenn das Meerwasser gefriert, werden die Salz-Ionen also verdrängt. Sie sammeln sich in den schmalen Spalten zwischen den Eiskristallen. Der Sud, der sich dort bildet, wird Sole genannt: extrem salziges Wasser, das auch Lebensraum für Algen und Bakterien ist. Nach zwei bis drei Jahren sickert der größte Teil der Sole durch haarfeine Poren, z. T. aber auch zentimeterweite Gänge aus den Eisschollen in die Wasserschicht darunter. Das Meereis süßt aus und kann zu Trinkwasser geschmolzen werden – mehrjähriges Eis ist ohnehin schneebedeckt, was den Restsalzgehalt weiter herabsetzt.

Wie nennt man die Verbindung zwischen zwei Meeren?

Wie eine Verbindung zwischen zwei Ozeanen bezeichnet wird, hängt von deren Gestalt ab. So ist der Übergangsbereich zwischen Südatlantik und Indischem Ozean buchstäblich fließend. Zu groß ist die Distanz zwischen dem Kap der Guten Hoffnung und der Antarktis, als dass man ein definiertes Meeresgebiet als Übergangszone angeben könnte. Anders stehen die Dinge im Grenzbereich von Südatlantik und Südpazifik. Beide Teilozeane sind durch die 600 Seemeilen »schmale« Drake-Passage verknüpft. Wieder andere Meeresregionen sind durch weitaus schmalere ***Meerengen*** verbunden, wie durch die Straße von Gibraltar, das Skagerrak oder die Dardanellen. Begriffe wie Belt, Sund, Meerenge, Bosporus, Isthmus, Passage, Straße oder Kanal bezeichnen alle verschiedene Meeresgebiete – doch kein Begriff ist spezifisch für den Übergang von einem Meer zum andern, insbesondere nicht für einen offenen Übergang. Diese begriffliche Vielfalt spiegelt die höchst unterschiedliche Gestalt der Übergangszonen, die häufig dadurch entstanden, dass Kontinentalbereiche unter den Meeresspiegel absanken oder sich durch Bewegungen von Erdplatten Grabenbrüche bildeten.

Woher stammt die Legende der *Meerjungfrauen*?

»Was Meerjungfrauen betrifft, so handelt es sich nicht um Fabelwesen«, wusste schon der Chronist Plinius im ersten Jahrhundert n. Chr. Der Mythos der Meerjungfrauen geht sogar noch weiter zurück, bis ins fünfte Jahrtausend. Seither berichten Seefahrer immer wieder von Sichtungen. 1608 beschrieb der englische Entdecker Henry Hudson, nach dem die Hudson Bay benannt ist: »Ihre Haut war sehr weiß, und langes, schwarzes Haar hing ihr vom Kopf. Als sie abtauchte, sahen die Männer ihren Schwanz, der wie der Schwanz eines Tümmlers war und gesprenkelt wie der einer Makrele.« Eine solche Schönheit einzufangen ist nie jemandem gelungen. Stattdessen machten groteske Fälschungen die Runde. In Kneipen, Kaffeehäusern und auf Jahrmärkten des 18. und 19. Jahrhunderts bewunderte das Publikum geschickt zusammengesetzte Skelette kleiner Affen und Fische. Bernard Heuvelman, französischer Zoologe und Begründer der Kryptozoologie, schrieb dazu: »Der Prozess der Mystifizierung kann bis zu einem Punkt vorangetrieben werden, an dem das Objekt bis zur Unkenntlichkeit verändert wird.« Tatsächlich waren es meist Seekühe, aus denen Seeleute dank lebhafter Phantasie und schlichter Unwissenheit Seejungfrauen machten.

Beim Schwimmen in Thailand habe ich hinter mir im Wasser eine Glitzerspur gesehen. Was war das?

Das Phänomen des ***Meeresleuchtens*** kann man in fast allen Meeren der Welt beobachten. Es wird durch winzige, im Wasser schwebende Wesen hervorgerufen. In der Nordsee ist vor allem der Dinoflagellat *Pyrocystis noctiluca* dafür verantwortlich und macht seinem Namen »nachtleuchtende Feuerzelle« alle Ehre. Werden leuchtfähige Einzeller mechanisch angeregt, zum Beispiel durch einen Schwimmer oder durch Wellenschlag, startet dies in ihrem Inneren eine chemische Reaktion. Sie setzt so viel Energie frei, dass Licht erzeugt wird. Aus Sicht der Evolution macht das Sinn, denn die Leuchtreaktion verbraucht Sauerstoff, der in früheren Stadien der Evolution für viele Organismen giftig war. Biolumineszenz könnte daher als Sauerstoffschutz gedient haben. Viele Tiere und Pflanzen können ebenfalls Licht erzeugen: Tintenfische, Glühwürmchen, Pilze, Fische, Quallen, Tausendfüßer. Die Lichtsignale helfen, Partner zu finden oder Beute zu fangen. Faszinierende Farbspiele, die vor allem das Dunkel der Tiefsee erhellen, sind die Folge.

Wie entsteht das *Meeresrauschen*?

Meeresrauschen erscheint uns akustisch so angenehm, dass es auf CD gebannt sogar ein Verkaufshit ist. Es entsteht, wenn Wellen brechen. Durch den Überschlag der Wasserwand werden Milliarden winziger Luftbläschen unter Wasser gedrückt und zum Schwingen gebracht. »Jede Blase hat eine bestimmte Frequenz, die von ihrer Größe abhängt«, erklärt der Physikprofessor Peter Dahl von der University of Washington. Eine weitere Note bekommt die »Wassermusik«, wenn die Blasen von der Wucht der Wellen in Bläschen zerschlagen werden oder an der Oberfläche platzen. Hinzu kommt, dass Sand und Kiesel sich im Rhythmus der Brandung aneinander reiben. So entsteht die Lautmalerei des Meeres, wobei der Begriff »laut« durchaus wörtlich zu nehmen ist. Denn je nach Windverhältnissen und Küstengestalt können Brandungsgeräusche mehr als 100 Dezibel erreichen. Das hat Presslufthammerqualität, auch wenn das Heranrollen und Brechen der Wellen, das Tosen des Meeres an unseren Küsten, optisch und akustisch unvergleichlich angenehmer ist.

Woher kommt das *Meeresrauschen in Muscheln*?

Zunächst: Auch wenn in diesem Zusammenhang immer wieder von Muscheln gesprochen wird – es handelt sich um Schnecken. Denn Muscheln bestehen in aller Regel aus zwei Schalen und haben daher keinen Hohlraum. Genau dieser Hohlraum aber ist es, der uns das Meeresrauschen vorgaukelt. Das Rauschen ist real; es lässt sich sogar aufzeichnen. Aber was wir hören, ist weder das Meer noch, wie so oft angenommen, unser eigenes Blut. Vielmehr sind es leise Umgebungsgeräusche, die der Hohlraum in der Schnecke verstärkt. Die Luft in der Schnecke besitzt eine sogenannte Eigenfrequenz. Diese ist für jedes Gehäuse anders, da sie von Länge und Form des Hohlraums abhängt. Geräusche aus der Umgebung, die diese Frequenz aufweisen, bringen die Luftsäule in der Schnecke zum Schwingen. So werden diese Frequenzen verstärkt. Andere Umgebungsgeräusche dämpft die vor den Gehörgang gehaltene Schnecke ab. Das Ganze funktioniert übrigens auch mit einem Glas: Drückt man aber den Hohlraum direkt ans Ohr, verhindert man, dass Geräusche in den Hohlraum gelangen, und das Rauschen verstummt. Wer dagegen wirklich sein eigenes Blut hören will, braucht ein paar Minuten Ruhe und drückt dann mit den Fingern die kleinen Ohrläppchen über den Gehörgang und – voilà, das Blut rauscht. Und das Meeresrauschen, das hört man nun einmal am besten ... am Meer.

Wie stark wird der Meeresspiegel künftig wirklich ansteigen?

Es ist nahezu unmöglich, den ***Meeresspiegelanstieg*** zentimetergenau vorherzusagen. Selbst für die jüngste Vergangenheit schwankten die Angaben enorm. So ergaben Pegelmessungen und Berechnungen, dass der Wasserstand unserer Ozeane in den vergangenen 100 Jahren zwischen zehn und 25 Zentimetern zugenommen hat. In seinem im Februar 2007 veröffentlichten Bericht beziffert der UN-Klimarat IPCC den gesamten Meeresspiegelanstieg im 20. Jahrhundert auf 17 Zentimeter. Einig sind sich die Klimaforscher aber, dass die Ursache dafür der globale Temperaturanstieg von 0,74 Grad Celsius in diesem Zeitraum (1906–2005) ist. Dadurch dehnte sich nicht nur das oberste Ozeanstockwerk aus. Auch Gletscher und kleinere Eisschilde zogen sich zurück; ihre Schmelzwasser gelangten über die Flüsse in die Meere. Beides trug etwa im gleichen

Maß zum Meeresspiegelanstieg bei. Der zukünftige Anstieg hängt naturgemäß davon ab, in welchem Ausmaß wir zukünftig Klimagase freisetzen, wie stark also der Treibhauseffekt ausfällt. Noch 1990 rechneten die meisten Klimaforscher mit einem Anstieg von 31 bis 110 Zentimetern bis zum Jahr 2100. Inzwischen wurden die Modelle verfeinert. Der IPCC-Bericht 2007 kommt aufgrund unterschiedlicher Klimaszenarien zu einem Anstieg zwischen 18 und 59 Zentimetern bis zum Ende dieses Jahrhunderts.

Woher kommt, erdgeschichtlich gesehen, das *Meersalz*?

In Sebastian Gerlachs empfehlenswertem Buch *Marine Systeme* von 1994 heißt es: Das Salz stammt aus der Zeit, als sich nach der Abkühlung und Verfestigung der Erdkruste die erste Wasserhülle bildete, der Urozean. Seitdem wirken zwei gegenläufige Prozesse auf den Salzgehalt ein: Wenn am Meeresboden Sedimentmaterial in den geologischen Untergrund absinkt, wandert Salz mit hinunter, ungefähr ebensoviel, wie dem Meer ständig durch Gesteinsverwitterung von oben zugeführt wird. Beide Prozesse waren in den erdgeschichtlichen Perioden verschieden intensiv, es gab Perioden mit starker Gebirgsbildung und Perioden mit starker Erosion. Vieles spricht dafür, dass vor 270 Millionen Jahren der Salzgehalt des Weltmeers sogar höher als heute war, denn damals verdunstete viel Meerwasser in Flachwassergebieten. Der Salzgehalt betrug vielleicht 42 Promille. Auch während der Eiszeiten wurde aus dem Ozean stammendes Wasser als Süßwassereis auf dem Land abgelagert. Deshalb war der Salzgehalt des Weltmeers vor 20000 Jahren wohl 35,9 Promille. Bleibt nachzutragen, dass er heute bei durchschnittlich 34,7 Gramm Salz pro Liter Meerwasser, sprich 34,7 Promille, liegt.

Ist es wahr, dass *Miesmuscheln* klettern?

Miesmuscheln gelten als nicht gerade agil. Die Larven treiben passiv umher, bis sie sich mit ihren sogenannten Byssusfäden an Pfähle, Steine oder andere Muscheln heften. Eine Drüse am Fuß der Muschel presst bis zu 100 der zentimeterlangen Fäden hervor, die sie dann mit ihrem fingerförmigen Fuß am Untergrund festklebt. Dazu dient ein weiteres Sekret, der einzige Kleber, der in Salzwasser aushärtet. Gerade ihre Haltefäden sind es, mit denen sich die Muschel fortbewegt – allerdings nicht einmal im Schneckentempo. Will die Muschel an ihrem Pfahl hochklettern, so verankert sie ein weiteres Büschel Byssusfäden ein Stückchen weiter oben und zieht sich daran hoch. Den alten Faden löst sie ab und wiederholt die Prozedur. Die Steckmuschel *Pinna nobilis* produziert übrigens so lange Fäden, dass kostbare Stoffe daraus gewebt werden. Legenden sagen, dass das Goldene Vlies des Jason aus dieser Muschelseide bestand. Falls dem so ist, erübrigt sich die Suche danach – obwohl die überwiegend aus Eiweiß bestehenden Fäden sehr widerstandsfähig, zug- und feuerfest sind, sind sie beliebter Mottenfraß.

Woher kommt der Name *Mollymauk* für den Schwarzbrauenalbatros?

Warum *Thalassarche melanophris* seinen deutschen Namen trägt, beantwortet ein Blick auf den schwarzen »Lidstrich«, der dem Vogel seinen strengen Blick gibt. In der Luft jedoch offenbart sich die elegante Heiterkeit seines Fluges. Stundenlang segelt er ohne einen Flügelschlag über den Wellen und hält Ausschau nach Nahrung, bevorzugt Krill und Tintenfisch. Fast sein ganzes Leben verbringt er über dem offenen Meer. So mag man ihm nachsehen, dass er bei Landungen auf festem Boden keine besonders gute Figur macht. Dies und die Tatsache, dass die Tiere wenig Scheu zeigen, brachte die Holländer dazu, sie »Mallemuk«, »närrische Möwe«, zu nennen. Ende des 17. Jahrhunderts galt dieser Name zwar zunächst nur den Sturmvögeln in nördlichen Breiten. Doch als die Seefahrer weiter in den Süden vordrangen, übertrugen sie den Namen auf ähnliche Vögel wie die kleineren Albatrosse. Immerhin gehören sie wie Sturmvögel zur Ordnung der Röhrennasen. Nach und nach setzte sich »Mollymauk« in Varianten für den Schwarzbrauenalbatros und andere kleine Albatrosse durch. Den majestätischen Wanderalbatros – mit 3,50 Meter Spannweite größter flugfähiger Vogel – aber als »Narrenmöwe« zu bezeichnen, darauf kam niemand.

Wie hoch können Ozeanwellen werden?

Im Jahre 1978 beherrschte das Schicksal des Containerschiffs *München* wochenlang die Schlagzeilen der deutschen Presse. Nördlich der Azoren war es in einem schweren Orkan gesunken. Die Suche durch Flugzeuge und Schiffe blieb vergeblich. Später kam das Seeamt zu dem Schluss, dass der 281 Meter lange Frachter den bis zu 32 Meter hohen Wellen zum Opfer gefallen sein musste. Dazu bedarf es eines lang anhaltenden Orkans sowie einer ausreichend freien Seestrecke, über die der Sturm seine Kraft entfalten kann. Die daraus ableitbaren maximalen Wellenhöhen sind in den sogenannten Seegangstabellen der ozeanographischen Handbücher enthalten. Danach sind 32 Meter hohe Wellen möglich, wenn sich ein Sturm mit Windstärke 10 Beaufort mindestens drei volle Tage lang über einer freien Seestrecke von 1570 Seemeilen (etwa 2900 Kilometer) Länge austoben kann und sich einzelne Wogen vereinigen. Den Tabellen zufolge sind sogar ***Monsterwellen*** von mehr als 45 Metern – immer die Differenz zwischen höchster Wellenspitze und tiefstem Wellental – denkbar. Immerhin zehn große Handelsschiffe verschwinden jedes Jahr spurlos in den Wellen. Vermutlich durch die sogenannten Freak Waves. Daher arbeiten Forscher an diesen Phänomenen. Im Wellenkanal in Hannover gelingt es ihnen inzwischen, solche Wellen auf Bestellung zu produzieren. Doch der Weg dahin war nicht einfach: »Wir haben insbesondere in einem Spezialkanal in Hannover eine besonders hohe Welle erzeugen können«, berichtet Günther Clauss, Professor am Institut für Schiffs- und Meerestechnik an der Technischen Universität Berlin. »Eine Welle, die mit 3,20 Meter eine Höhe hatte, dass selbst Fachleute das Grausen bekommen haben, als diese Welle durch den Kanal lief, ist gebrochen und in sich zusammengestürzt. Bei diesen Versuchen ist es uns sogar gelungen, ein Loch in das Dach dieses Wellenkanals zu reißen.«

Wieso sind nicht alle Muscheln einer Art gleich gefärbt?

Wenn es um ***Muschelfarben*** geht, fällt aufmerksamen Strandwanderern an der Nordsee die Dreiecksmuschel ins Auge: Jede sieht genetisch bedingt anders aus. Sie leben in der Brandungszone, und jede Welle legt Hunderte von ihnen frei – ein gefundenes Fressen für die Watvögel. Allerdings müssen sie sich schnell entscheiden, nach welchem der Leckerbissen sie picken wollen. Um die Qual der Wahl abzukürzen, bevor die nächste Welle die Mahlzeit wieder verbirgt, entwickelt jeder Vogel eine Vorliebe für eine bestimmte Farbe, zum Beispiel Rosa. Anders gefärbte Muscheln von Weiß über Blau, Braun und Schwarz sind zumindest vor diesen Vögeln in Sicherheit. Doch nicht bei allen Schalenträgern bestimmt die Genetik das Aussehen. Häufig sorgen die Art des Futters sowie Temperatur, Salzgehalt und Inhaltsstoffe des Wassers für das Farbenspiel. Das Rote Seeohr aus Kalifornien zum Beispiel produziert rote Streifen, wenn es sich von Rotalgen ernährt, bei Braun- und Grünalgen hingegen entstehen Blau- beziehungsweise Grüntöne. Eine Mischdiät aus Rot- und Braunalgen ruft orangefarbene oder hellrosa Bänder hervor. Da sich der Speiseplan je nach Saison verändert, erscheinen auf ihrer Schale typische Streifenmuster, die sich jedes Jahr wiederholen.

Warum sollte man Muscheln nur in Monaten mit einem »R« essen?

Die alte ***Muschelmonate***-Regel könnte ebenso heißen: Meide Muscheln im Sommer! Denn dann vermehren sich bestimmte einzellige Algen massenhaft und färben das Meer gelblich-braun oder rot. Die erste biblische Plage war wahrscheinlich eine solche Algenblüte. Bis zu 40 Millionen Zellen einer Art drängen sich dabei in jedem Liter Wasser, meist so genannte Dinoflagellaten – ein gefundenes Fressen für Miesmuschel und Co., die bis zu 37 Liter je Stunde filtern. Etwa 50 Arten dieser Einzeller produzieren aber winzige Mengen Gift. Steigt die Zahl solcher Algen stark an, reichert sich im Muschelfleisch eine für Fisch und Mensch gefährliche Konzentration an. Daher bekommen uns Schalentiere zu Zeiten solcher Algenblüten schlecht: Die Gifte führen zu Erbrechen, Lähmungen, Gedächtnisstörungen oder sogar zum Tod – immerhin sind einige dieser Gifte zwanzigmal stärker als Zyankali. Von Muscheln aus dem Supermarkt dagegen geht heute das ganze Jahr über keine Gefahr mehr aus: Nach dem Fang kommen die Muscheln für zwei Wochen in algenfreies Wasser und erst dann in den Handel.

Wie ernähren sich *Muscheln*, wie etwa die Riesenmuschel Tridacna gigas?

Die meisten Muscheln »atmen« die Nahrung mit ihren Kiemen ein. Diese sorgen zum einen dafür, dass der lebensnotwendige Sauerstoff aufgenommen wird. Zudem filtern die Muscheln damit ihre Nahrung – mikroskopisch kleines Plankton – aus dem Wasser. Die Kiemen bilden ein feines Fangnetz. Es besteht aus fein verzweigten Lamellen, die rechtwinklig angeordnet sind. Das engmaschige Netz verfügt über eine hinreichend große Oberfläche, damit die Muscheln genügend Nahrung aus dem Wasserstrom fischen können. Der Planktonfang wird in Schleimpakete verpackt und von Flimmerhärchen in Richtung Mund befördert. Die Riesenmuschel *Tridacna gigas* und ihre kleineren Verwandten beherbergen zudem Rotalgen. Diese Rotalgen sind äußerst wichtig, denn sie bauen mit Hilfe des Sonnenlichts organische Materie auf und stellen einen Teil der Muschel zur Verfügung. Dieser Nahrungsanteil hängt von der Menge der einfallenden Sonnenstrahlung ab. Im Fall der *Tridacna gigas* spielt diese Art der Nahrungshilfe dagegen eine untergeordnete Rolle. Denn anders als ihre Verwandten muss die Riesenmuschel einen bedeutenden Teil ihrer Nahrung selbst filtern, da sie in größeren und daher lichtärmeren Tiefen siedelt.

Woher kommen die runden Löcher, die man häufig in Muscheln und Schnecken findet?

So recht will das Bild eines Raubtiers mit gefährlichen Zähnen nicht zur Schnecke passen. Und doch sind es Schnecken, die hungrig über ihre eigenen Genossen herfallen, sie anbohren und verspeisen. Allerdings laufen ihre Beutezüge buchstäblich im Schneckentempo ab. Es dauert bis zu acht Stunden, bis sie mit zahnbewehrter Zunge und Säure ein Loch in die Schale gebohrt haben: eine Minute bohren, eine halbe Stunde Säureangriff – zum Aufweichen und Weiterbohren. Ist die Schale geknackt, wird das Opfer verflüssigt und ausgeschlürft. Übrig bleibt eine ***Muschelschale mit Löchern***. Ganze Austernbänke wurden so von Mitgliedern der stark verschnörkelten Schnecken-Familie der *Murex* verspeist. Bei uns stammen die Löcher im Strandgut allerdings weit häufiger von Mondschnecken. Ihre Opfer erkennt man an den relativ großen, konisch zulaufenden Löchern. Sieht man das halb verborgene Tier durch Schlick und Sand kriechen, wirkt es wie eine Nacktschnecke. Denn sein Fuß ist mit Wasser aufgepumpt und fast komplett über die Schale gestülpt. Man glaubt kaum, dass der gesamte Körper in das Schneckenhaus passt. Doch bei Gefahr presst die Mondschnecke Wasser aus ihrem Fuß und verkriecht sich. Solch eine Gefahr geht übrigens durchaus auch von den eigenen, ebenfalls bohrenden Artgenossen aus – und gegen die hilft auch das Verkriechen nicht.

Warum haben die Tellermützen der Marinematrosen Bänder?

Die ***Mützenbänder*** haben heute eine überwiegend ästhetische Funktion. Bis zu Beginn des Kaiserreichs trugen Marineangehörige zumeist Lackhüte, auf denen der Name ihres Schiffes stand. Auf Anordnung Seiner Kaiserlichen Majestät Wilhelm des I. wurde der gelackte Hut abgeschafft und durch eine Mütze mit bestickten schwarzen Seidenbändern ersetzt. »Die langen Bandenden, die in unserer Marine 1872/73 eingeführt wurden, sollen an die Zöpfe der Matrosen erinnern, die nach Art des französischen Zopfes in zwei- oder dreifacher Flechtung getragen wurden«, heißt es in der *Geschichte der Matrosenuniform,* 1984 vom Marineamt Wilhelmshaven veröffentlicht. Fortan wurde der Schiffsname auf die Bänder gestickt, wobei das technische Personal lange Zeit silberne Aluminiumfäden benutzte, alle anderen Laufbahnen aber kupfer- oder goldfarbene Fäden verwendeten. Auch russische und chinesische Matrosen tragen lange Mützenbänder.

N

Wie funktionieren die *Nesselzellen* von Quallen?

Ein kleiner Krebs schwimmt nichtsahnend durch das Meer. Da streift er unachtsam den Fangarm eines gefährlichen Räubers. Eine Qualle. Durch den plötzlichen mechanischen Reiz des Tentakels schießen einige Nesselzellen ihre Harpunen ab. Mit der Wucht einer Gewehrkugel durchschlagen sie den Panzer des Opfers. Die chemischen und mechanischen Reize von Wundsäften und die Zuckungen des verletzten Tieres signalisieren der Qualle, dass die ursprünglichen Reize tatsächlich von Beute stammten. Jetzt heißt es »Feuer frei!« für ganze Batterien von Nesselzellen. Durch den Befehl lösen sich in der Zelle Kalziumionen von ihren Speicherproteinen ab. Das verursacht einen Wassereinstrom in die Zelle, sodass der Innendruck auf 140 bar steigt – das entspricht dem Druck in 1400 Meter Wassertiefe. Um diesem Druck standzuhalten, besteht die Zellwand aus einer Proteinkapsel so hart wie Stahl. In der Zelle aufgerollt ruht ein zwei Milliardstelgramm leichter, mit Gift versehener Faden. Der Deckel der Zelle wird durch den Druck weggesprengt und der Faden herausgeschleudert.

Seine Stilettspitze erreicht knapp 70 km/h bei einer Beschleunigung von mehr als dem 5,4-Millionenfachen der Erdbeschleunigung. Das Gift dringt durch die Wunden und tötet den Krebs. Er hatte von Anfang an keine Chance.

Was versteht man unter *Normalnull*?

Pegelhöhen als Bezugspunkte für Höhenmessungen an Land werden durch langfristige Beobachtungen des Meeresspiegels gemessen und festgelegt. Dazu zählt auch das Normalnull. An der deutschen Nordseeküste weicht das Normalnull nur gering vom mittleren Wasserstand ab, heißt es beim Bundesamt für Seeschifffahrt und Hydrographie. Alle Höhenangaben in Deutschland beziehen sich auf Höhenfestpunkte bei Potsdam. Diese Höhenfestpunkte wiederum sind auf den sogenannten Amsterdamer Pegel (NAP) »geeicht«. Dieser wurde bereits 1662 urkundlich erwähnt. In Westeuropa beziehen sich die meisten Höhensysteme auf den NAP, im osteuropäischen Raum dient der Pegel Kronstadt am Finnischen Meerbusen als Bezugspunkt. Selbst die Schweiz ist über geodätische Messnetze mit den Weltmeeren verbunden. Eidgenössischer Bezugspunkt ist der Stein Pierre du Niton im Genfer Hafen; er liegt exakt 373,6 Meter über dem Marseiller Pegel. Seit 1988 kann man den »Vater aller Pegel« in Amsterdams Stadhuis, dem Neuen Rathaus, besichtigen. Drei Wassersäulen zeigen den aktuellen Nordseepegel bei Ijmuiden, den der Westerschelde bei Vlissingen sowie den höchsten Pegelstand der verheerenden Sturmflut 1953. Damals stand das Wasser 4,55 Meter über dem Normalnull des Amsterdamer Pegels.

O

Wie stark kann die *Ostsee* in einem harten Winter zufrieren?

Erste Eisbeobachtung gab es an der Ostsee schon 1706 in Sankt Petersburg. Allerdings vergingen noch zwei Jahrhunderte, bis von umfassender Eisaufzeichnung am Mare Balticum die Rede sein konnte. Die Deutsche Seewarte sammelt seit 1896 kontinuierlich Daten über Beginn, Dauer und Ende der jährlichen Eisbedeckung. Dabei wird zwischen extrem starken, starken, normalen und milden Eiswintern unterschieden. 38 Prozent der Winter der vergangenen 100 Jahre zählen zum milden Typus, in denen die Ostsee zu weniger als 35 Prozent mit Eis bedeckt war. Ein Fünftel ist den starken und extrem starken Eiswintern zuzurechnen. Dann war die Ostsee mindestens zu zwei Dritteln, in einigen Wintern, wie zuletzt 1986/87, zu fast 100 Prozent eisbedeckt. Das Eis wächst in den Nord- und Ostregionen des Baltischen Meeres auf bis zu 120 Zentimeter Dicke an. In der südlichen Ostsee dagegen werden in extrem starken Wintern »nur« bis zu 70 Zentimeter gemessen. Wenn allerdings Eisbrecher oder Seeschiffe die Eisdecke aufbrechen, können Winde und

Strömungen die entstandenen Schollen selbst in der Mecklenburger Bucht auf bis zu vier Meter Höhe türmen.

Ab wann spricht man an der Ostsee von Sturmfluten, und wie oft traten diese in der jüngeren Vergangenheit auf?

Im Mare Balticum spricht das Bundesamt für Seeschifffahrt und Hydrographie (BSH) von Sturmflut, wenn der Pegel gegenüber dem mittleren Wasserstand um ein bis 1,5 Meter erhöht ist. Bei schweren ***Ostseesturmfluten*** zeigen die Pegel 1,5 bis zwei Meter über normal an. Laufen die Wassermassen noch höher auf, haben es die Küstenbewohner mit einer sehr schweren Sturmflut zu tun. So am 13. November 1872, als die Pegel an Schleswig-Holsteins Ostseeküste bis zu 3,30 Meter über Normalnull anzeigten. Interessanterweise legen die Behörden Mecklenburg-Vorpommerns in Hinblick auf Maßnahmen zum Katastrophenschutz andere Maßstäbe an. An den Außenküsten reicht ein Plus von 1,71 Metern, an Bodden- und Haffküsten bereits von 1,31 Metern, um von sehr schwerer Sturmflut zu sprechen. Im Zeitraum von etwa 100 Jahren sind zum Beispiel in Wismar 15 Fälle, in Warnemünde acht und in Greifswald sieben Fälle von Sturmfluten mit Scheitelwerten größer als 1,50 Meter über Normalmittelwasser aufgetreten, heißt es in einem Küstenschutzbericht des Landes. Im Mittel wurde also Wismar alle sieben Jahre, Warnemünde alle 12,5 Jahre und Greifswald alle 14 Jahre von einer schweren bis sehr schweren Sturmflut heimgesucht.

Welche Höhe erreichte die größte gemessene Welle in der Ostsee?

Da im Mare Balticum keine Wellenmessbojen ausgelegt sind, mangelt es an genauen Werten für ***Ostseewellen***. Besatzungen von Seenotrettungskreuzern berichten von zehn bis fünfzehn Meter hohen Wellen, die durch Überlagerung verschiedener Wellensysteme entstehen. Seeleute nennen diese übergroßen Wellen Kaventsmänner. Die maximale durchschnittliche Wellenhöhe beträgt etwa fünf bis sechs Meter, gemessen vom tiefsten Punkt, dem Tal der Welle, bis zu ihrem Kamm. Diese Schätzungen beruhen auf Erfahrungen, die bei präzisen Messungen in vergleichbaren Seegebieten gesammelt wurden. Windgeschwindigkeit und -richtung, Wassertiefe sowie Dauer und Strecke, die der Wind ungehindert über das Meer streichen kann, bestimmen letztlich die Wellenhöhe. Die Wassertiefe ist von Interesse, wenn sie weniger als die Hälfte der Wellenlänge, dem Abstand zwischen zwei Wellenkämmen, beträgt. Dann können sich sogenannte Grundseen aufbauen, die das Zweieinhalbfache normaler Wellenhöhen erreichen.

Wie alt sind die *Ozeane*?

Der Atlantik ist einer der jüngsten Weltozeane. Er entstand, als der Superkontinent Pangaea vor 180 Millionen Jahren auseinanderzubrechen begann. Ursache dafür waren Magmen, die aus dem Erdinneren aufstiegen, die Kruste durchschlugen und somit die Erdplatten voneinander trennten. Weil an Magmennachschub kein Mangel war, wurden die Platten voneinander weggedrückt und in den folgenden Jahrmillionen immer weiter auseinandergeschoben – mit einer Geschwindigkeit von etwa einem bis zehn Zentimeter pro Jahr. Heute bildet dieser etwa 1000 Kilometer breite vulkanische Rücken ein Gebirge, das den Atlantik von Nord nach Süd über eine Länge von etwa 16 000 Kilometern durchzieht. Meist verläuft es untermeerisch; nur in Island, den Azoren und einigen weiteren südatlantischen Inseln ragt das Gebirge über die Wasseroberfläche. Als Pangaea zerbrach, entstanden auch die anderen Weltozeane. Als erstes und damit ältestes Ozeanbecken wurde der Pazifik angelegt. Geologisch gesehen ist er mit rund 200 Millionen Jahren nur wenig älter als der Atlantik. Als schließlich auch der große Südkontinent Gondwana vor etwa 150 Millionen Jahren in Stücke fiel und der indische Subkontinent auf Asien zudriftete, schlug die Geburtsstunde des Indischen Ozeans.

P

Stimmt es, dass der Meeresspiegel auf beiden Seiten des *Panamakanals* unterschiedlich hoch ist?

In der Literatur wird diese Frage höchst verschieden beantwortet. Manche Autoren sprechen davon, dass der Meeresspiegel auf der Pazifikseite des Panamakanals etwa 20 Zentimeter höher ist als auf der atlantischen Seite, im Durchschnitt, wohlgemerkt. Auf der Website der US-amerikanischen National Oceanographic and Atmospheric Administration (NOAA) heißt es, dass atlantischer und pazifischer Meeresspiegel elf Monate im Jahr divergieren. Nur im Februar lägen sie etwa auf gleichem Niveau. Als Grund werden vor allem Gezeiten sowie Klimafaktoren angeführt. So betragen die Gezeitenunterschiede an den Miraflores-Schleusen am Pazifikende des Kanals bis zu sieben Meter. Lokale auflandige Winde scheinen ein Übriges zu tun. Hinzu kommt möglicherweise der Einfluss des Äquatorialen Gegenstroms. Auf die von Ost nach West verlaufende Meeresströmung wirkt die Panama-Landenge wie eine Staumauer. Als weitere Faktoren könnten die geringere Dichte des pazifischen Oberflächenwassers sowie regional unterschiedlich stark ausgeprägte Erdanziehungskräfte in Betracht gezogen werden. Letztere verursachen an der Oberfläche der großen Ozeane bis zu 100 Meter mächtige Dellen und Beulen. Allerdings ist die mittelamerikanische Landbrücke so schmal, dass dieser Faktor bei den gemessenen Meeresspiegelunterschieden kaum ins Gewicht fallen dürfte.

Warum sind *Passagierschiffe* weiß?

»Die Frage stellt sich nicht, denn das ist nicht immer so«, sagt Peter Hackmann, Sprecher der Papenburger Meyer Werft, befragt nach der scheinbar bevorzugten Farbwahl von Kreuzfahrtreedern. Schließlich sind längst nicht alle Passagierschiffe weiß. So liefern die Papenburger eine Reihe blau-weißer Schiffe an die Reederei Celebrity Cruises, und die Rümpfe der Majestäten der Meere, *Queen Mary 2* und *Queen Elizabeth 2*, sind schlicht schwarz – von »bunten Vögeln« wie der *Aida* zu schweigen. Gleichwohl kreuzen viele weiße Passagierschiffe über die Meere, und Weiße Flotten befahren Flüsse und Seen. Weiß, die Quintessenz aller Farben, reflektiert Licht effektiv und trägt in tropisch-subtropischen Fahrtgebieten dazu bei, dass Schiffe sich nicht allzu sehr aufheizen. Für manchen in Zeiten effektiver Klimaanlagen allerdings kein ausschlaggebendes Argument. Bleibt die Farbpsychologie: Mit Weiß sind positive Assoziationen verbunden. Im alten Ägypten war Weiß die Farbe der Freude und des Glücks; heute symbolisiert es Licht, Unschuld und Sauberkeit. Wer also die Gangway eines weißen Traumschiffs erklimmt, lässt den grauen Alltag hinter sich und betritt eine Welt, die hell ist, heil und sauber – zumindest aus Sicht der Werbestrategen. Außerdem machen sich weiße Schiffe auf türkisblauem Meer sehr gut in den Werbeprospekten.

Was sind *Passatwinde*?

Passate sind Ausgleichsströmungen in der Atmosphäre von den bei etwa 30 Grad nördlicher und südlicher Breite liegenden Hochdruckgebieten hin zu den tropischen Tiefdruckzellen. Durch die Erdrotation werden die auf der Nordhalbkugel südwärts wehenden Winde nach rechts, die auf der Südhalbkugel nordwärts wehenden Winde nach links abgelenkt. So entstehen die Nordost- bzw. Südost-Passate, die über den Ozeanen besonders deutlich ausgeprägt sind und bis in zwei Kilometer Höhe reichen. Zur Zeit der Segelschifffahrt wurden die Passate als »Trade Winds« bezeichnet, da sie den Handelsschiffen eine gute Atlantikpassage von Ost nach West ermöglichten. An der brasilianischen Ostküste ist er als Abrolhos oder Cambueiros bekannt. Auf den Marianen heißt er Churadas, in Westafrika Harmattan. Die Bewohner der Neuen Hebriden bzw. der Kanarischen Inseln sprechen vom Lan San bzw. vom Leste, während er in Südwestafrika schlicht als Namib-Wind weht.

Haben Pinguine Federn oder ein Fell?

Überdimensionale braune Kaffeewärmer: Daran erinnern Königspinguinküken mit ihren flauschigen Daunen, bevor sie sich elegant in Schale werfen und für den Rest ihres Lebens im Frack einherwatscheln. Doch auch wenn das Jugendkleid der Pinguine aussieht wie Fell, so haben sie doch Federn. Schließlich sind sie Vögel, die einzigen Tiere, die diese geniale Konstruktion entwickelt haben. Pinguinen sprießen sogar wesentlich mehr Federn als anderen Vögeln: zwölf Stück pro Quadratzentimeter, viermal so viele wie Enten und das von Schnabel bis Fuß. Immerhin fliegen sie ja nicht durch die lauen Lüfte, sondern bewegen sich durch eisiges Wasser. Regelmäßig fettet jeder Pinguin die nur drei Zentimeter langen und leicht gekrümmten Federn ein. Lebenswichtig, denn sie halten ihn trocken und warm. »Direkt über der Haut bilden die ***Pinguinfedern*** dichte, flauschige Daunenäste, die von den darüberliegenden Federspitzen wie durch Dachziegel abgedeckt sind«, erklärt Pinguinexperte Professor Boris Culik in seinem Bildband *Pinguine, Spezialisten fürs Kalte.* »Die wolligen Daunen wirken wie Thermo-Unterwäsche, während die gefetteten Federspitzen den Wasser abweisenden Taucheranzug bilden. An Land plustern sie ihr Federkleid mit Hilfe kleiner Muskeln auf, sodass sich ein wärmendes Luftpolster bildet.«

Wie definiert man eigentlich *Plankton*?

Der Begriff wurde erstmals 1887 von dem Kieler Meeresforscher Victor Hensen benutzt. Er stammt aus dem Griechischen und bedeutet »das Umherirrende«. Das, was umherirrt, sind Wasserlebewesen, die passiv in Meeren, Seen und Flüssen treiben. Die Vielfalt und Vielzahl der Organismen, die unter diese Definition fallen, ist überwältigend. Am unteren Ende des Größenspektrums ist das Femto- und Nanoplankton, das aus Viren und Bakterien besteht und bis zu einem zweitausendstel Millimeter klein ist. Dafür dominiert es zahlenmäßig: Etwa zwei Millionen finden sich in jedem Teelöffel Salzwasser, wie uns Manfred Schlösser vom Max-Planck-Institut für Marine Mikrobiologie in Bremen versichert. Am anderen Ende befinden sich Quallen, die mehrere Meter groß werden, den Strömungen aber nicht trotzen können. Dazwischen tummeln sich einzellige Algen (Phytoplankton) und kleine Krebse, Schnecken, Würmer, Larven und Eier verschiedenster Tiere (Zooplankton). Auch wenn sie alle nicht gut schwimmen können, bewegen sich doch viele Plankter zumindest auf und ab. Nachts wandern Teile tierischen Planktons an die Wasseroberfläche, um sich dort von dem pflanzlichen Gegenpart zu ernähren. Am Tag sinken sie in tiefere Zonen, um nicht von Fischen gefressen zu werden.

Was ist eine *Portugiesische Galeere*?

Die Portugiesische Galeere gehört zur Gattung der Staatsquallen (*Physalia*), die etwa 150 Arten umfasst. Der Name verweist auf die Organisation dieser Meeresbewohner, die im Lauf der Evolution Kolonien gebildet haben. Die Einzeltiere bleiben Zeit ihres Lebens miteinander verbunden. Ernst Heckel, einer der bedeutendsten deutschen Zoologen des 19. Jahrhunderts, nannte sie »Personen«. Ähnlich einer humanen Gesellschaft überleben diese Personen nur dank ausgefeilter Arbeitsteilung. Betrachtet man die Staatsqualle als Kolonie, lassen sich vier Typen spezialisierter Polypen unterscheiden: Das Segel wird von einem einzigen Polypen gebildet und sorgt für den Auftrieb. Polypen, die darauf spezialisiert sind, Nahrung zu finden und zu fangen, bilden die Tentakel. Haben sie Beute erlegt, ziehen sie sich zusammen und übergeben den Fang an die für die Verdauung zuständigen Polypen. Angehörige des vierten Typus sorgen für die Fortpflanzung. Das Nesselgift der Staatsquallen ist auch für den Menschen unangenehm und kann bei allergischen Reaktionen ernsthafte gesundheitliche Probleme verursachen.

Gibt es Situationen, in denen man beide Seitenlichter eines Schiffes sehen kann?

Auch auf hoher See gibt es Regeln und Vorschriften. Eine davon besagt, dass Schiffe bei Nebel und Dunkelheit

Positionslichter führen müssen. Sie geben Auskunft über ihre Größe, Art und Manövrierfähigkeit. Da es auf Wasserstraßen weder Seiten- noch Mittelstreifen gibt, sind farbige Lichter notwendig, um Havarien zu verhindern. Unter anderem muss jedes Schiff über sieben Meter Länge je ein rotes und ein grünes Licht an Backbord beziehungsweise Steuerbord führen. Sie sind so angebracht, dass sie nach vorne und zur Seite strahlen. Sieht ein Schiffsführer beide Lampen gleichzeitig, so weiß er, dass er sich direkt vor dem Bug eines anderen Schiffes befindet. Diese besonders gefährliche Konstellation heißt ***Position Null***, bei der sich ein Fahrzeug auf der Kurslinie des anderen befindet. Damit der Skipper sicher und schnell erkennt, dass sich sein Schiff in dieser Gefahrenzone befindet, dürfen sich die Lichtkegel der grünen und roten Lampen um maximal sechs Grad überlappen.

Seit wann haben Schiffe *Positionslaternen*? Und ist es nur Zufall, dass Backbord Rot und Steuerbord Grün hat?

Maritime Lexika erwiesen sich als Fehlgriff. Nautiklehrer des Bundesamtes für Seeschifffahrt und Hydrographie zuckten mit den Schultern. Selbst die Experten des Deutschen Schiffahrtsmuseums wussten nicht recht weiter. Ein Artikel der Zeitschrift *Der Seewart* von 1957 zitiert den byzantinischen Kaiser Leo Isaurus, der um das Jahr 740 für nachts ankernde Schiffe ein weißes Licht vorschreibt. Diese erste Regel hielt sich mehr als 1000 Jahre. Erst als dampfgetriebene Schiffe häufiger werden und der küstennahe Verkehr wächst, kommt Farbe ins Spiel. 1834 schlägt der englische Ingenieur Shaw der City of Dublin Steamship Company vor: weißes Topp-, weißes Steuerbord-, rotes Backbordlicht. Zwei Jahre darauf führt die konkurrierende P & O Company aus Southampton an Backbord grün und an Steuerbord rot ein. Die britische Admiralität spricht 1847 ein Machtwort: Steuerbord grün und Backbord rot. Warum sich die Admirale so und nicht umgekehrt entscheiden, ist freilich nicht überliefert. Die Hamburger und Bremer Handelshäuser ignorieren die neue Regelung zunächst. Erst 1853 schreibt das preußische Ministerium für Handel und Gewerbe die britische Lichterführung vor. 1858 einigen sich Frankreich, Österreich-Ungarn und die norddeutschen Küstenländer auf die von den Briten vorgegebenen Farben, jetzt auch für Segelschiffe. 1889 beschließen 27 Staaten in Washington eine international abgestimmte Seestraßenordnung.

Welche *Positionslichter* benötigt ein Schiff bei Nachtfahrt?

Eine scheinbar einfache Frage – deren Antwort en detail indes den Rahmen dieser Rubrik sprengen würde. Denn die Zahl der Sicht- und Schallzeichen, die unterschiedliche Schiffstypen auf hoher See, in Revierfahrt oder Häfen führen oder ertönen lassen müssen, ist unübersichtlich groß. Beschränken wir uns also auf den Normalfall eines frei fahrenden Seeschiffs, das mehr als 50 Meter lang ist und nicht in die Kategorie der Spezialfahrzeuge fällt. Ist ein solches Schiff auf See unterwegs, dann ist von Sonnenuntergang bis -aufgang oder bei unsichtigem Wetter eine Lichterführung vorgeschrieben, die seine Lage und Fahrtrichtung erkennen lässt. Das sind zwei weiße »Topplichter« mit Leuchtwinkeln von 225 Grad, also jeweils 112,5 Grad nach links und rechts von genau geradeaus. Dabei muss das achtere mindestens 4,5 Meter höher angebracht sein als das vordere. Sie müssen außerdem einen Abstand von mindestens halber Schiffslänge haben, und ihr Licht muss noch in sechs Seemeilen zu sehen sein. Dies bezeichnen Nautiker als »Tragweite«. Backbord ist eine rote Positionslaterne vorgeschrieben, Steuerbord eine grüne. Sie müssen von direkt voraus ebenfalls jeweils 112,5 Grad zu beiden Seiten abdecken. Die noch fehlenden 135 Grad werden von dem weißen »Hecklicht« bestritten. Sowohl die farbigen Seitenlichter als auch das Hecklicht müssen mindestens drei Seemeilen Tragweite haben.

Schlafen *Pottwale* mit geschlossenen Augen?

Pottwale sind gesellige Schläfer und finden sich gern zu gemeinsamen Nickerchen zusammen. Dabei müssen sie darauf achten, nicht zu ertrinken, denn sie müssen sich – als Anpassung an ihre tiefen Tauchzüge – für jeden einzelnen Atemzug bewusst entscheiden. Wenn sie schlafen, bleibt daher eine Gehirnhälfte wach. Entsprechend schließen sie vermutlich beim Schlafen auch nie beide Augen. Aber schließen können sie sie, denn wie wir besitzen sie Augenlider. Diese sondern fettreiche Tränen ab, die ihre winzigen Augen vor dem aggressiven Salzwasser schützen. Mit sieben bis acht Zentimetern scheinen die rötlich-braunen Augen für einen bis zu 18 Meter langen Giganten wirklich zu klein. Doch sie liefern – zumindest unter Wasser – ein scharfes Bild. Daran kann es also nicht liegen, dass sie im »Halbschlaf« mit Schiffen zusammenstoßen. Wohl aber daran, dass sie lieber ihre Artgenossen beobachten als das, was um sie herum vorgeht. Was sie an ihren schlafenden Artgenossen so interessant finden, konnten Forscher jedoch noch nicht ergründen.

Wie kommt es zu solchen *Qualleninvasionen* wie an Spaniens Mittelmeerküste?

Im Sommer 2006 litten Tausende Mittelmeerurlauber Quallenqualen. Mehr als 10 000 von ihnen mussten sich bis August behandeln lassen, nachdem sie Bekanntschaft mit der Feuerqualle *Pelagia noctiluca* gemacht hatten. Ihre Invasionen sind nichts Neues. Schon früher wurden Strände gesperrt, wenn warmes Wasser in Küstennähe gelangte und Schwärme der wärmeliebenden Quälgeister mit sich führte. Die globale Erwärmung sorgt aber dafür, dass das Mittelmeer immer mehr zur Badewanne wird, mit bis zu 33 Grad Celsius Wassertemperatur. Vom Menschen eingeleitete Nährstoffe lassen die Algen, die Nahrung vieler Quallen, zusätzlich gedeihen. Hinzu kommt, dass der Mensch fast alle Fressfeinde der Quallen wie Meeresschildkröten und Fische (auch Thun- und Schwertfische) erbarmungslos dezimiert. Lederschildkröten fressen täglich das Doppelte des eigenen Körpergewichts an Quallen. Doch häufig verenden sie in illegalen Treibnetzen. Welches Tier wie viele Quallen frisst, ist übrigens schwer einzuschätzen – solche Fragen klärt man unter anderem, indem man den Mageninhalt gefangener Tiere analysiert. Und Quallen, die 98 Prozent Wasser enthalten, erkennt man in dem Mischmasch nur selten.

Viele Kinder haben Angst vor Quallen. Zu Recht?

Nicht nur kleine, auch große Badetouristen sehen meist scheel auf Quallen herab. Sie erscheinen ihnen als schleimig-eklige Gebilde, die man besser meidet. Ob die ***Quallenphobie*** berechtigt ist, hängt von der Art, bzw. der Giftigkeit der Nesselzellen ab. »In korsischen Gewässern ist es vor allem eine Quallenart, die sehr unangenehm werden kann«, kommentiert Dr. Robert A. Patzner von der Universität Salzburg, »und zwar die Feuerqualle *Pelagia noctiluca*.« Gerade fünf Zentimeter groß, erreichen ihre Tentakel über einen halben Meter. »Diese Quallenart kann so unangenehm nesseln, dass Wunden oft lange nässen und erst allmählich vernarben«, so der Meereszoologe. In manchen Sommermonaten, besonders nach milden Wintern, treiben die Seewinde oftmals Feuerquallen zu großen Schwärmen zusammen. Gelegentlich müssen deswegen Strände sogar gesperrt werden.

R

Wieso kann man Schwäne im Vergleich zu anderen Seevögeln auf dem Radarschirm so leicht mit Tonnen verwechseln?

Bei Nacht schütten Segler häufig eine Pütz voll Wasser in die Segel, um auf den Radargeräten der Berufsschifffahrt ein stärkeres Echo zu erzeugen. Denn Materialien wie Segelstoff oder Vogelfedern reflektieren Radarstrahlen nur sehr schwach. Wassertropfen hingegen reflektieren die elektromagnetischen Wellen, die ein Radargerät aussendet, hervorragend. Auch Vogelkörper geben ein relativ deutliches ***Radarecho*** ab. Mit einem guten Gerät kann man bei ruhigem Wetter selbst eine Möwe in einer Seemeile Entfernung auf dem Radarschirm erkennen. Da Schwäne größer als Möwen sind, geben sie ein entsprechend kräftigeres Echo ab. Außerdem bremsen die großen Vögel im Gegensatz zu Möwen beim Wassern mit den Füßen. Die feinen Tröpfchen, die dabei das Gefieder benetzen, verstärken unter Umständen das Radarecho. Wenn sich nun nahe verankerte Tonnen durch Strömung, Wind oder Wellen so stark neigen, dass sie nur wenig Rückstrahlung auf dem Radarschirm erzeugen, kann selbst ein erfahrener

Seemann bei unsichtigem Wetter oder während der Nacht einen Schwan leicht mit einer Tonne verwechseln.

Können *Riesenkalmare* lange genug an der Meeresoberfläche überleben, um Schiffe anzugreifen?

Am 10. Mai 1874 wird Seemanns Albtraum wahr: Ein Riesenkalmar umschlingt den Schoner *Pearl* und lässt ihn kentern – wohlgemerkt, nachdem der Kapitän ihn beschossen hatte. Ein seltener Fall, da die Tiefseegiganten an der Meeresoberfläche nicht lange zu leben scheinen. Mythen umranken seit Jahrhunderten diese Tiere, doch Fakten haben wir nur wenige: Sie werden vermutlich über 16 Meter lang, und Pottwale fressen sie. Da hört es schon fast auf, da nur wenige ganze Exemplare gefunden wurden. Und selbst diese lagen meist im Sterben oder waren bereits tot. Wie lange sie an der Oberfläche überleben, ist ungewiss. Forscher vermuten, dass hauptsächlich solche Tiere an die Oberfläche kommen, die alt oder krank sind oder von schnellen Änderungen der Wassertemperatur überrascht wurden. Dies scheint ihre Auftriebsregulation zu überfordern, und sie schwimmen auf. Dort finden sie, von der Sonne geblendet und den Wellen zerschlagen, keine Nahrung oder werden gefressen. Nachdem es 2005 japanischen Forschern das erste Mal gelungen ist, Bilder von einem lebenden Riesenkalmar zu machen, gelang es derselben Gruppe Ende 2006, einen Riesenkalmar zu filmen. Die Aufnahmen zeigen ein völlig neues Bild eines agilen Räubers, der anscheinend mit Lichtsignalen kommuniziert. Unter dem Stichwort *giant squid* findet man im Internet mehrere Bilder der japanischen Forschergruppe.

Das Great Barrier Reef vor Australien kennen viele. Aber wo liegt das zweitgrößte Riff der Welt?

»Riff, das: schmale Bank oder kammartige Klippenreihe im Meer (Sand-, Stein-, Felsenriff), unter oder nur wenig über der Wasseroberfläche; zum Teil durch Korallenbauten entstanden.« So steht es in Meyers Online Lexikon. Weltweit gibt es 7000 tropische oder subtropische Flachwasserriffe, die 600 000 Quadratkilometer Fläche einnehmen. Als zweitgrößtes Korallenriff wird das ***Riff vor Belize*** angesehen. Es erstreckt sich etwa 260 Kilometer entlang der Karibikküste des mittelamerikanischen Staates. Seit Oktober 1996 zählt das 96 300 Hektar große System zum Weltkulturerbe. Der Artenreichtum dieses Riffs und der dahinterliegenden Mangrovenküste ist enorm: 178 Landpflanzenarten, diverse Seegräser, dazu 500 Fisch- und fast ebenso viele Molluskenarten wie etwa Meeresschnecken. Nicht zu vergessen ist die mit 300 bis 700 Tieren vermutlich größte Population der Westindischen Seekuh. Haupteinnahmequelle für Devisen von Belize ist inzwischen der Tourismus. Im Jahr 2006 kamen bereits über 236 000 Touristen. Da wundert es nicht, dass einige Bereiche des Weltkulturerbes bereits Anzeichen des Niedergangs aufweisen: Beschädigungen durch ankernde Boote, übereifriges Sammeln der Korallen, Einleitung von Chemikalien, die auf den küstennahen Plantagen versprüht werden, und Abwässerzuleitungen setzen dem größten Riff der nördlichen Hemisphäre derzeit zu.

Warum wachsen *Ringkorallenriffe* nicht nach innen?

Ringförmige Atolle entstehen, wenn Inseln über Jahrmillionen langsam versinken oder der Meeresspiegel ansteigt. Riff-bildende Korallen brauchen viel Licht, das sie nur in der Nähe der Wasseroberfläche erhalten. Steigt der Wasserspiegel zu schnell, können sie nicht mitwachsen und sterben schließlich ab. Steigt er langsam, kann das Riff mithalten und überlebt. Ginge es nur um den Abstand von der Wasseroberfläche, so könnte sich das Riff zur versinkenden Insel hin ausdehnen. Dabei steht es sich jedoch selbst im Weg: Das vorhandene Riff schneidet die entstehende Lagune weitgehend vom offenen Meer ab. Das wiederum ist ungünstig für die Korallen, denn die Kleinstlebewesen, das Plankton, von denen sie sich ernähren, trägt ihnen die Strömung aus dem freien Meer zu. Durch das mehr oder weniger geschlossene Riff gelangt aber nur wenig Strömung in das Innere der Lagune. Zudem können Temperatur und Salzgehalt in der Lagune stark schwanken. Korallen lieben in dieser Hinsicht jedoch die Eintönigkeit. Ideale Bedingungen – freier Wasseraustausch, flaches Wasser, konstante Umweltbedingungen – finden die Korallen also nur im ringförmigen Riff selbst. Dieses wächst daher an seinem Ursprungsort weiter, ohne sich nach innen auszubreiten.

Warum können *Robben* länger und tiefer tauchen als Menschen?

Seehunde tauchen bis in mehr als 550 Meter Tiefe, See-Elefanten gar dreimal so tief und länger als eine Stunde – ohne Sauerstoffmangel oder Druckprobleme. Überraschend ist: Während Menschen vor dem Abtauchen meist tief Luft holen, atmen Robben noch einmal kräftig aus. Dies scheint erstmal unsinnig, brauchen sie doch Sauerstoff. Dieser wird jedoch nicht in der Lunge mitgeführt. »Das rote, sauerstoffführende Hämoglobin im Blut und Myoglobin, das sauerstoffbindende Eiweiß in der Muskulatur, bilden hervorragende Depots, die vor dem Tauchgang aufgefüllt werden«, erklärt der Kieler Robbenexperte Thomas Orthmann. Auch der Verbrauch wird eingeschränkt: Während des Tauchens werden nur Herz und Hirn versorgt, das Herz schlägt nur noch wenige Male pro Minute. Das Muskelgewebe wird vom Myoglobin mit Sauerstoff versorgt. Aber warum atmen die Tiere dann aus? In der Luft in der Lunge ist viel Stickstoff enthalten. Je höher der Druck ist, umso mehr davon löst sich in der Tiefe im Blut. Taucht das Tier schneller auf, als der Stickstoff wieder in die Luft in der Lunge überführt werden kann, so perlt er beim Auftauchen im Blut aus, wie die Gasblasen aus einer Seltersflasche. Atmet das Tier vorher aus, so ist nur wenig Stickstoff vorhanden, der ins Blut übertreten kann. Zusätzlich kann der Druck den Brustkorb von Robben und auch von Walen eindrücken, sodass die Restluft in Bereiche gepresst wird, in denen kein Gasaustausch stattfindet. Diese Schutzmechanismen besitzen Menschen nur sehr schwach. So verlangsamt sich zwar der Herzschlag beim Menschen um 6 bis 15 Prozent, wenn er sein Gesicht unter Wasser hält. Aber die Durchblutung des Körpers nimmt nicht so stark ab, sodass mehr Sauerstoff gebraucht wird. Auch die Lunge ist starr, sodass zuviel Luft in ihr verbliebe, um ähnliche Tauchleistungen zu vollbringen.

Was hat die *Robinson-Crusoe-Insel* im Pazifik mit dem atlantischen Eiland aus Daniel Defoes berühmtem Roman zu tun?

Die beiden Inseln haben einiges gemeinsam: Beide gehören zu Südamerika, beide sind vulkanischen Ursprungs, und beide waren jahrelang die Heimat von Robinson Crusoe – die eine literarisch, die andere in Wirklichkeit. Tobago, die südlichste der Kleinen Antillen, liegt vor der Küste Venezuelas, nahe der Mündung des Orinoko. In der modernen Reiseliteratur trägt sie häufig den Beinamen »Robinson-Crusoe-Insel«, denn von den karibischen Inseln ähnelt sie der Vorlage in Daniel Defoes Roman am meisten. Im Pazifik dagegen, etwa 670 Kilometer vor dem chilenischen Valparaíso, liegt die zum Juan-Fernández-Archipel gehörige Insel Más a Tierra (»näher am Festland«). Kürzlich wurde dort sogar ein Schatz entdeckt, den Piraten vor 300 Jahren zurückließen. Einer ihrer wenigen wirklichen Bewohner war der schottische Seefahrer Alexander Selkirk, der 1704 nach einem Zerwürfnis mit seinem Kapitän hier zurückblieb und erst viereinhalb Jahre später gerettet wurde. Seine Erlebnisse erschienen 1713 in der Zeitschrift *The Englishman*. Vermutlich waren sie es, die Defoe zu seiner Romanfigur inspirierten. Más a Tierra ist also die »echte« Robinson-Insel. Und seit 1966 heißt sie auch offiziell so. Vermutlich verlegte Defoe seine Geschichte, um sich nicht vorwerfen zu lassen, er habe abgekupfert.

Greift das aus Tankern entwichene *Rohöl*, wie das der Prestige, die GFK-Rümpfe von Yachten an?

Der im Yachtbau verwandte Glasfaserverstärkte Kunststoff (GFK) gilt als sehr widerstandsfähig. Ganz ausschließen lässt sich eine Reaktion mit Rohöl jedoch nicht. »Dabei kommt es vor allem auf den Zeitraum an. Das Öl müsste schon Wochen oder Monate auf die Oberfläche wirken«, hebt Chemieprofessor Thiemann aus Bremen hervor. Ist der Rumpf bereits durch Osmose geschädigt, dringt Feuchtigkeit ein und Öl kann ins Innere des Kunststoffs gelangen. Verbleibt es dort längere Zeit, richtet es möglicherweise Schaden an. Professor Oudot vom Musée National d'Histoire Naturelle in Paris hält es für ähnlich aggressiv wie Diesel, mit dem Boote beim Tanken häufiger

Kontakt haben. Letztlich ist das Öl des Tankers *Prestige* zwar ökologisch besonders bedenklich, reelle Schäden an Yachtrümpfen sind aber eher unwahrscheinlich.

Woher kommt der Begriff *Rollen der See*, und was ist darunter zu verstehen?

Wohl jeder Leser kennt den Shanty »Rolling home«, der von einem Schiff handelt, das sanft in den Wellen gen Heimat schaukelt. Der Begriff »Rollen« bezieht sich auf die Bewegung eines Schiffes um seine Längsachse und nicht auf die Bewegung der See oder der Wellen. Ein Schiff kommt ins Rollen, wenn meterhohe Brecher seitlich gegen den Schiffskörper schlagen, bis er vibriert und immer stärker um seine Längsachse schaukelt. Ein Schiff rollt dann am stärksten, wenn es im Rhythmus der Wellen schaukelt. Schiffsbauer mindern das Rollen mit seitlich angebrachten, langgestreckten Dämpfungskielen am Rumpf. Auch Stabilisatoren, rotierende Unterwasserflügel, reduzieren bei mittleren Windstärken das Rollen. Bei einem richtigen »Kuhsturm« müssen sie jedoch eingefahren werden, weil sie unter den peitschenden Wellenschlägen abknicken könnten. Es ist fraglich, ob Kreuzfahrt-Passagiere unter solchen Umständen noch »Rolling home« anstimmen würden.

Wie wurden Windstärken im 17. und 18. Jahrhundert gemessen?

1805 entwickelte der britische Admiral Sir Francis Beaufort eine zwölfstufige Skala, um die relative Stärke des Windes zu messen. Sie bezog sich nur auf das Aussehen von Wellen und Wasser, bzw. Rauch, Bäume und ähnliches an Land. Geräte, die die Windstärke anzeigen, wurden erstmals um

1450 vom Italiener Leon Battista Alberti beschrieben. In seinem Büchlein *Von den Freuden der Mathematik* ist eine Windfahne abgebildet, an deren Ende eine einfache, an einen Winkelmesser erinnernde Skala angebracht ist. Davor hängt ein Schwungbrett, das bei zunehmendem Wind immer weiter aus der Vertikalen in die Horizontale gedrückt wird. Die Methode wurde oft verbessert. Auch der Universalgelehrte Gottfried Wilhelm Leibniz (1646–1716) hat sich vermutlich mit Windstärkenmessungen befasst, aber nie ein entsprechendes Gerät entwickelt. Im 17. und 18. Jahrhundert gab es etliche Versuche, ***Rotations-Anemometer*** (-Windmesser) zu entwickeln. Bei diesen Vorgängern heutiger Windmessgeräte bewirkt der Winddruck, dass ein mehr oder weniger komplex ausgelegtes mechanisches System um eine horizontale oder vertikale Achse rotiert. Die Drehzahl gibt dann ein Maß für die Windstärke ab. Diese und weitere Versuche hat W. E. Knowles Middleton in dem 1969 erschienenen Buch *Invention of the Meteorological Instruments* zusammengetragen.

Woher hat das *Rote Meer* seinen Namen?

Eigentlich hätte es leicht sein sollen, diese Frage zu beantworten, da gerade Wissenschaftler aus den Anrainerstaaten des Roten Meeres in Bremen weilten. Doch die Befragung der Gäste löste temperamentvolle Diskussionen aus. Es liege doch auf der Hand, dass der rötliche Widerschein der Morgensonne auf den Gebirgen des Sinai die Namensgebung beeinflusste, meinte ein deutscher Meeresbiologe. Ein bibelfester israelischer Forscher konterte, hier handele es sich um einen Übersetzungsfehler. In Wahrheit sei in der Heiligen Schrift von »reed« (= Schilf) die Rede, was dann aber zu »red« verballhornt worden sei. Promptes Kopfschütteln auf ägyptischer Seite. Alles falsch, wandte der Professor aus Kairo offenbar mit Blick auf den lahmenden Tourismus in seinem Land ein. Der Name sei gewählt worden, damit die Menschen neugierig würden und sich das Tauchparadies einmal aus der Nähe ansähen. Das *Westermann Lexikon der Geographie* weiß dagegen über das »Mare Erythraeum«, so die Bezeichnung seit den Zeiten des Plinius des Älteren: Seine Farben sind blaugrün, in der Nähe von Untiefen grün. Und: »Seinen Namen trägt es wegen des zeitweisen Auftretens einer rot erscheinenden Alge, deren Chlorophyll durch rote Pigmente überdeckt wird.« Bei der vermeintlichen Alge handelt es sich um das Cyanobakterium *Trichodesmium erythraeum*, das in tropischen Meeren vorkommt. Früher wurden Cyanobakterien als »Blaualgen« bezeichnet.

Warum wird in Kriegsfilmen auf U-Booten im Alarmfall auf *Rotlicht* umgeschaltet?

Das hat weder mit U-Booten noch mit Kriegsschiffen zu tun. Rotlicht wird bei Nacht (bzw. bei Dunkelheit) allgemein auf Schiffen und auch in Flugzeugen angeschaltet, weil das Auge durch Rotlicht nicht geblendet wird. Das kann jedermann zu Hause mit einer Taschenlampe ausprobieren; mal mit, mal ohne Rotfilter. Der Wachgänger auf der Brücke eines Schiffes hält sich abwechselnd im Kartenhaus – dort liegen die Seekarten und das Navigationsbesteck – und auf der Brücke auf. So pendelt er nachts zwischen völliger Dunkelheit auf der Brücke und dem Licht im Kartenhaus hin und her. Deshalb ist es sinnvoll, das Kartenhaus so zu beleuchten, dass die Umgewöhnung der Augen nicht zu lange dauert. Und diese Zeit ist bei Rotlicht am kürzesten. Dass es außerdem auch noch dramatisch aussieht, hat Filmen wie »Das Boot« und »Jagd auf Roter Oktober« sicherlich nicht geschadet.

Warum waren Steuerleute auf alten Frachtschiffen nicht durch *Ruderhäuser* geschützt?

Der Steuermann eines Segelschiffs hält nicht nur den Kurs, er sorgt auch dafür, dass sein Schiff bei unterschiedlichen Windverhältnissen immer gute Fahrt macht. Dazu müssen die Segel im richtigen Winkel zum Wind stehen. Auf heutigen Segelschiffen erledigt der Steuermann diese Aufgabe mit Hilfe elektronischer Geräte wie einer Windmessanlage. Bis Anfang des vorigen Jahrhunderts, in der Ära der Frachtsegler, musste ein Steuermann Richtung und Stärke des Windes buchstäblich am eigenen Leib spüren, um den optimalen Kurs zu segeln. Dazu benötigte er ein ungehindertes Sichtfeld. Die Scheiben eines Ruderhauses wären gerade bei Schlechtwetter beschlagen; Salz- und Regenwasser hätten die Sicht zusätzlich erschwert, denn Scheibenwischer waren noch nicht erfunden. Doch gerade bei stürmischem Wetter musste der Steuermann die Wellen im Blick haben, um ihrer Gewalt ausweichen zu können.

S

Warum schmecken Tiere, die in Salzwasser leben, nicht salzig?

Alle Organismen kontrollieren, wie viel Salz sie aufnehmen. Salz ist zwar lebensnotwendig, aber auch hier gilt: Die Menge macht's – zu viel oder zu wenig ist tödlich. Obwohl Meeresorganismen in Salzwasser leben, haben sie keinen ***Salzgeschmack***, wie man meinen sollte. Blut und Lymphe der meisten Krebse, Muscheln und Würmer enthalten genauso viel Salz wie Meerwasser, also etwa 35 Gramm je Kilogramm. Fischblut enthält nur etwa neun Gramm Salz je Kilogramm; Fische pumpen über spezielle Zellen in den Kiemen das Salz aus ihrem Körper. Generell gilt, dass das Fleisch der Meerestiere nicht so salzig ist wie ihre Körperflüssigkeiten. Krebs- und Muschelfleisch weist nur drei bis sieben Gramm je Kilogramm auf, und Fischfleisch ist mit einem bis drei Gramm je Kilogramm sogar weniger salzig als Rind- oder Schweinefleisch. Das Konzentrationsgefälle zwischen den Körperzellen, also dem Fleisch und den sie umgebenden Flüssigkeiten Blut und Lymphe, ist für die biochemischen Abläufe im Körper wichtig. Um es aufrechtzuerhalten, schleusen die Zellen ständig Salze nach außen. Darüber, wie salzig das Meeresgetier am Ende schmeckt, wird also eher in der Küche entschieden.

Wie schnell bewegt sich bei Flut die *Salz-/Süßwassergrenze* weseraufwärts?

Bei jeder Flutwelle in die Deutsche Bucht vermischen sich salziges Meerwasser und »süßes« Flusswasser. In den Unterläufen von Weser und Elbe entstehen auf diese Weise ausgedehnte Brackwasserzonen. Die Geschwindigkeit und Ausdehnung des Brackwasserbereiches hängen u. a. von Mondstellung, Windstärke und Windrichtung ab. Entscheidende Bedeutung kommt dem abfließenden Oberwasser zu, das von Niederschlägen und Schneeschmelze im Binnenland beeinflusst wird. Nach ergiebigen Regenfällen erstreckt sich der Süßwasserkörper der Weser bis Bremerhaven. Bei sommerlicher Trockenheit kann dagegen salzhaltiges Wasser mit jeder Flut etwa vierzig Kilometer weiter weseraufwärts vordringen. Das entspricht in etwa dem leichten Trab eines Läufers. In beiden Fällen bilden sich ausgedehnte Brackwasserbereiche. Von einer eindeutigen Salzwasser-/Süßwassergrenze kann somit keine Rede sein.

Was ist der höchste Salzgehalt, den ein Gewässer aufweist?

Ein ostantarktischer See am Rand des Rossmeers hält den ***Salz-Weltrekord***. Der Don Juan Pond, mit seinen 75 Zentimetern »Tiefe« mehr Tümpel als See, weist Salzgehalte von mehr als 400 Promille auf. Ähnliche Werte erreichen der Güsgundag-See in der Türkei und der südrussische Saljonka-See. Dagegen belegt das Tote Meer mit einem Salzgehalt von bis zu 340 Promille nur Rang vier. Indes: Seen, die den durchschnittlichen Salzgehalt der Ozeane von 34,7 Promille um ein Vielfaches übersteigen, sind keine Seltenheit und auf allen Kontinenten zu finden. Aber auch in den Weltmeeren werden vereinzelt besonders hohe Salzgehalte registriert. Wie im östlichen Mittelmeer: Rund um Kreta findet man Vertiefungen im Meeresboden, die Durchmesser von mehreren Dutzend Kilometern aufweisen und gegenüber der Umgebung um bis zu 500 Meter abgesenkt sind. Dort sammelt sich Wasser, das zuvor mit unterirdischen Salzstöcken Kontakt hatte und Salinitäten von 120 Promille aufweist – immerhin dreimal so viel wie das Oberflächenwasser im Roten Meer.

Woher kamen die im Mittelalter als Piraten berüchtigten *Sarazenen*?

»Die unter dem Zelt leben« lautet sinngemäß die lateinische Bezeichnung für die Sarazenen. Ursprünglich bezeichneten Griechen und Römer damit einen nordarabischen Nomadenstamm, der die Sinai-Halbinsel durchstreifte. Im frühen Mittelalter wurden alle Araber sowie die Angehörigen anderer muslimischer Völker des Nahen Ostens als Sarazenen bezeichnet. Im siebenten Jahrhundert nach Christus fielen sie plündernd und brandschatzend in Spanien, Frankreich und später auch in Italien ein. Ab Mitte des achten Jahrhunderts waren die Sarazenen als berüchtigte Piraten verrufen, die Korsika, Sardinien und weitere Inseln im Mittelmeer eroberten. Ab 827 diente ihnen Sizilien rund 200 Jahre lang als Ausgangsbasis für ihre Eroberungszüge. Auch auf das strategisch günstig gelegene Elba hatten sie ihr Auge geworfen. Doch ein ausgeklügeltes System von Wachtürmen und starken Schutzmauern hinderte die Sarazenen daran, Elba einzunehmen. Die im zwölften Jahrhundert errichtete Torre Saracena, deren Feuer vor herannahenden arabischen Piraten warnte, weist noch heute den Weg in den Hafen Marciana auf Elba.

Stimmt es, dass die Hälfte des gesamten jährlich produzierten *Sauerstoffs* durch Algen freigesetzt wird?

Es ist sogar deutlich mehr als die Hälfte! Etwa zwei Drittel des jährlich freigesetzten Sauerstoffs werden von Süß- und Salzwasseralgen produziert. Diese meist einzelligen Organismen gehören zu den ältesten Pflanzen der Erde. Sie schweben in den obersten 100 bis 200 Metern des Wassers. Nur dort können Algen genügend Licht und Nährstoffe aufnehmen, um Photosynthese zu betreiben. Die Pflanzen nutzen dabei die Energie des Lichts, um organische Substanz aufzubauen. Dabei entsteht Sauerstoff als Nebenprodukt. Den Löwenanteil des Sauerstoffs produzieren die Kieselalgen. Sie sind so weit verbreitet, dass sie noch in der kleinsten Pfütze vorkommen und sogar in feuchten Böden bei geringem Licht Photosynthese betreiben. Schätzungen zufolge befinden sich in einem Liter Meerwasser Millionen der Einzeller. In manchen Gebieten wird die Planktongemeinschaft fast völlig von ihnen beherrscht. So wundert es kaum, dass Kieselalgen als die größten Sauerstoffproduzenten der Weltmeere gelten.

Woher stammt der *Schaum*, den man an den Stränden der Nord- und Ostsee sieht?

Nehmen Sie eine Portion Eiweiß und lassen Sie diese von Brise und Wellengang steif schlagen. So ähnlich ist die Rezeptur für den alljährlich wiederkehrenden Algenschaum an den Nord- und Ostseestränden. Das Eiweiß stammt aus den Überresten der – nomen est omen – Schaumalge *Phaeocystis globosa*. Diese Einzeller leben in Kolonien und vermehren sich massenhaft, wenn im Frühjahr die Sonne das nährstoffreiche Wasser erwärmt. Sind die Nährstoffe verbraucht, die sich während des Winters angesammelt haben, sterben die Kolonien ab. Wind und Wellen zerschlagen wie ein gewaltiger Schneebesen die Zellhaufen und türmen Schaumberge am Strand auf. Die übelriechende Masse bedroht zwar weder Mensch noch Tier; den Touristikern an der Küste kommt sie als »ästhetischer Schandfleck« gleichwohl ungelegen. Dabei hat es Schaumalgen in der Nordsee schon immer gegeben. Zur Plage sind sie erst geworden, seit der Mensch die Küstenmeere mit Abwässern belastet, die von Nährstoffen wie Phosphat und Nitrat überfrachtet sind.

Warum haben Passagierschiffe ihre Brücke vorne, Frachtschiffe dagegen hinten?

Der für ***Schiffsbrücken*** zuständige Ingenieur der Meyer Werft in Papenburg, Hermann Hanneken, hat folgende Erklärung: Der Kapitän und seine Offiziere müssen sehen können, was vor ihrem Bug passiert. Die internationale Schifffahrtsorganisation IMO hat daher festgelegt, dass von der Brücke aus das Wasser spätestens in 500 Metern oder zwei Schiffslängen vor dem Bug – je nachdem, was kürzer ist – sichtbar sein muss. Bei einem Kreuzfahrer liegen Restaurants, Kabinen und Säle oft auf derselben Höhe wie die Brücke. Wäre diese am Heck, hätte der Kapitän zwar freien Blick auf den Pool, aber nicht auf das, was vor dem Bug passiert. Vorne ist also eindeutig die bessere Sicht, allerdings können hier stürmische Wellen größeren Schaden anrichten. Bei Frachtern liegt die Brücke daher bisher meist hinten, ihre Aufbauten sind in der Regel auch niedriger, daher ist dies möglich. Brücke, Mannschafts- und Maschinenräume bilden einen kompakten Bereich, der kurze Wege gewährleistet und gut vor Wellen geschützt ist. Außerdem hat der Kapitän die Ladung besser im Auge. Professor Irminger von der Bremer Hochschule für Nautik fügt hinzu, dass große Autotransporter häufig die Brücke am Bug haben, um trotz vieler Parkdecks freie Sicht zu haben. Auf dem ersten Containerschiff der neuen Generation mit über 13 000 Containern, der *Emma Maersk*, liegt die Brücke übrigens etwa mittschiffs – denn bei knapp 400 Metern schränken die gestapelten Container den Blick doch sehr ein.

1761 wurde das *Schiffschronometer* »H4« auf einer Seereise von England nach Jamaika getestet. Die »H4« verlor in drei Monaten nur fünf Sekunden. Wie ließ sich das damals feststellen?

In ihrem Buch *Längengrad* erzählt die Wissenschaftsjournalistin Dava Sobel die spannende Geschichte des Londoner Uhrmachers John Harrison, der im 18. Jahrhundert Schiffschronometer entwickelte, mit denen das damals größte nautische Problem gelöst wurde: die zeitabhängige Bestimmung des Längengrads auf See. Im November 1761 schiffte sich Harrisons Sohn William auf dem Segler Deptford ein, im Gepäck das taschenuhrgroße »H4«. Nach 81 Tagen auf See erreichte das Schiff im Januar 1762 Jamaika. Dass das Chronometer fünf Sekunden nachging, konnte nur mit Hilfe einer »Himmelsuhr« festgestellt werden. Am besten waren dafür die Jupitermonde geeignet. Die vier hellsten, von Galilei entdeckten Monde verfinstern sich etwa 1000-mal im Jahr. Diese Finsternisse ereignen sich zu vorab berechenbaren Zeiten und können unabhängig von der geographischen Position eines Beobachters verfolgt werden – eine perfekte Himmelsuhr also. Harrison musste also die »Jupiterzeit« mit der seines Chronometers vergleichen, um dessen Ganggenauigkeit zu ermitteln.

Beeinflusst die Wassertemperatur die *Schiffsgeschwindigkeit*?

Warmer Honig fließt oft vom Messer auf den Tisch, kalter Honig hingegen lässt sich sogar schneiden. Mit der Temperatur ändert sich die Zähflüssigkeit, die sogenannte Viskosität von Flüssigkeiten und Gasen. Wir können es zwar nicht wahrnehmen, aber auch Wasser reagiert so. Zwischen 20 und 0 Grad Celsius nimmt die Zähigkeit des Wassers um 80 Prozent zu. Je kälter es ist, umso träger bewegen sich die Moleküle. Daher braucht ein Schiff mehr Energie, um durch kaltes Wasser zu pflügen als durch warmes. Der Unterschied kann bei zwei bis fünf Prozent liegen, wobei auch Länge und Geschwindigkeit des Schiffes eine Rolle spielen. Der Wasserwiderstand setzt sich hauptsächlich aus zwei Komponenten zusammen: dem Reibungs- und dem Wellenwiderstand, der durch die vom Schiff erzeugten Wellen verursacht wird. Ein kleines, schnelles Schiff verbraucht nur etwa ein Viertel seines Treibstoffs, um die Reibung zu überwinden. Bei einem großen, langsamen Tanker hingegen sind es rund zwei Drittel. Deshalb hat die Wassertemperatur mehr Einfluss auf Schiffe, die im Verhältnis zu ihrer Größe langsam fahren. Allerdings ist auch hier der Effekt der Temperatur klein im Vergleich zu anderen Umwelteinflüssen wie Wind oder Seegang.

Warum haben auch männliche *Schiffsnamen* weibliche Artikel?

Schon römische Segler sahen ihre Schiffe als weiblich an. John Rousmanière, Autor eines englischen Wörterbuchs über Schiffsausdrücke, führt dies auf den altägyptischen Glauben zurück, demnach Schiffe glückbringende, weibliche Wesen darstellten. Auch die Einsamkeit der Seemänner auf langen Törns und das bisweilen launische Benehmen, sprich: die nicht immer optimalen Segeleigenschaften der Schiffe, mögen zur weiblichen Benennung beigetragen haben. Bill Schanen, Herausgeber des US-Segelmagazins *Sailing*, stellt kategorisch fest: »Segelschiffe sind weiblich, weil sie schön sind und weil diese Schönheit bei Frauen und Schiffen eine Symphonie der Kurven ist.« Doch heute sind die meisten Schiffe eher funktionell als schön. Dazu passt, dass im März 2003 *Lloyds List*, eine Zeitschrift der Schiffsindustrie, bekanntgab, Schiffe nur noch als Neutren zu bezeichnen. Ein Schiff sei ein Wirtschaftsgut, es habe keinen Charakter, sei weder männlich noch weiblich. Nicht nur bei Kreuzfahrern und Freizeitskippern stößt dies auf Unverständnis. Auch die britische Marine erklärte: »Unsere Schiffe bleiben weiblich.«

Gibt es im Internet eine Quelle, die möglichst viele deutsche oder weltweit registrierte Schiffe enthält?

Weder die 435 per 1. Januar 2007 unter deutscher Flagge fahrenden Handelsschiffe mit einer Tragfähigkeit von 300 Bruttoregistertonnen oder mehr, noch die andernorts registrierten Seeschiffe sind namentlich auf einer frei zugänglichen, zentralen Internetseite zu finden. Auf der Unterseite »Fakten und Zahlen« des Germanischen Lloyds stößt man immerhin auf eine Statistik der insgesamt bei der Hamburger Klassifikationsgesellschaft registrierten Schiffe: 6113 im Jahr 2006. Die Statistikseite des Verbands Deutscher Reeder bietet mehr: Dort kann eine umfangreiche Aufstellung angeklickt werden, in der die 2004 aus rund 47 000 Schiffen bestehende Welthandelsflotte nach unterschiedlichen Kriterien aufgeschlüsselt ist. Viele der Angaben beziehen sich auf die jährlich erscheinenden »World Fleet Statistics« von Lloyds. Dieses Werk ist quasi eine Kurzfassung der Bibel unter den Schiffsregistern: dem vierbändigen, viele tausend Seiten starken »Register of Ships«. Die Ausgabe 2006/2007 umfasst 92 000 Handelsschiffe, die über einen eigenen Motorantrieb verfügen und mit mehr als 100 Bruttoregistertonnen vermessen sind. Jeder Eintrag beinhaltet unter anderem den aktuellen sowie frühere Namen des Schiffs, Baudaten, Vermessungsgrößen, Rufzeichen und navigatorische Ausrüstung. Pro Jahr fallen durchschnittlich 140 000 Änderungs- und 2000 neue Schiffseinträge an. Das Register erscheint seit 1764 und kostet 1295 Euro (Ausgabe 2006/07). Unter *www.sea-web.com* bietet Lloyds einen kostenpflichtigen Online-Zugang. Wer dann den Link »Free Trial« anklickt, kann dann immerhin in der ***Schiffsregisterbibel*** schnuppern.

Welche Signale geben Schiffe im Hafen oder auf hoher See?

In der Seeschifffahrtsstraßen-Ordnung und in den Kollisionsverhütungsregeln sind die ***Schiffssignale*** als Manöverzeichen klar definiert. Kapitäne haben also keineswegs freie Hand, wenn sie ihr Schiffstyphon erklingen lassen wollen. Beim Ein- oder Auslaufen in Häfen etwa darf das Signalhorn nur mit ausdrücklicher Genehmigung des Lotsen betätigt werden. So bedeutet ein lang gezogener Ton »Achtung!«; ein kurzer Ton bedeutet: »Ich ändere meinen Kurs nach Steuerbord« – für Landratten in Fahrtrichtung nach rechts. Zweimal kurz kündigt eine Kursänderung nach Backbord oder links an. Dreimal kurz bedeutet »Meine Maschinen laufen rückwärts«. Einmal lang, viermal kurz dient als allgemeines Gefahrensignal. Dort, wo Kreuzfahrtschiffe Kurs auf ferne Gestade nehmen, lassen die Luxusliner kurz nach dem Ablegen oftmals drei lange Signale ertönen. Gegen diese Tradition hat sicherlich kein Lotse etwas einzuwenden. Das gleiche Signal ist zu hören, wenn sich Schiffe auf hoher See begegnen. Meist erwidert das so angesprochene Schiff diesen Gruß mit dem gleichen Signal. Das geht allerdings nur, wenn keine anderen Schiffe in der Nähe sind, die sich dadurch gestört fühlen könnten. Sollte jedoch Nebel herrschen und Sie befinden sich auf einem vor Anker liegenden Schiff von über 100 Meter Länge, das gefährliche Güter geladen hat, so könnte es wirklich stressig werden: Vorgeschrieben für diesen Fall ist eine wahre Klangorgie, die an ein modernes Konzert erinnern könnte: Jede Minute etwa 5 Sekunden lang auf dem Vorschiff eine Glocke rasch läuten, unmittelbar danach etwa fünf Sekunden einen Gong auf dem Achterschiff schlagen. Zusätzlich muss aufgrund der Ladung jede Minute fünfmal hintereinander mit jeweils zwei Sekunden Zwischenpause ein kurzer und ein langer Ton gegeben werden. Sie dürfen außerdem – wenn Ihnen die Zeit lang wird, drei aufeinanderfolgende Töne – kurz, lang, kurz – geben, um einem sich nähernden Fahrzeug ihren Standort anzuzeigen und es vor einem möglichen Zusammenstoß zu warnen. Bei dem Lärm sollte man aber annehmen, dass jeder andere Kapitän schon längst das Weite gesucht hat.

Seit wann werden Schiffe getauft?
Und gibt es religiöse Bezüge?

Knatternde Segel und knarrende Spanten, das Gieren des hoch am Wind segelnden Schiffs nach Luv oder Lee, sein Verhalten bei kabbeliger See – all dies machen Charakter und Persönlichkeit eines Schiffes aus. Wohl aus diesen Gründen bezeichnete der Schriftsteller Joseph Conrad Schiffe als lebendige Geschöpfe. So gesehen wundert es nicht, dass die ***Schiffstaufe*** in der christlichen Seefahrt seit dem ausgehenden Mittelalter eine wichtige Rolle spielt. Auf einem Holzschnitt, der 1486 in Mainz gedruckt wurde, heißt es: »Wenn man nun mit dem Bau zur Richtigkeit gekommen, schafft man, was nöthig auch sonsten noch herbey, dann wird gleich ohn Verzug die Tauffe vorgenommen, damit dies schnelle Schiff im Meere glücklich sey.« In England werden Taufzeremonien erstmals 1677 schriftlich erwähnt. Auch die Schiffe der spanischen Armada wurden dem Ritual unterzogen. Dabei ging es immer darum, die Götter günstig zu stimmen. Das war im Mesopotamien des vierten vorchristlichen Jahrtausends nicht anders als bei den Griechen und Römern. Auch sie ließen ihre Schiffe mit einem Ritual, das bisweilen mit Menschen- oder Tieropfern verbunden war, zu Wasser. In Island ließen die Wikingerhäuptlinge bisweilen unselige Gefangene zwischen Stapellaufbalken und den Großbooten zerquetschen. In anderen Regionen malte man Kreuze aus Tierblut auf das Deck. Beim indischen Taufritus spielen Schriftzeichen, die am Bug des Schiffes angebracht werden, eine bedeutsame Rolle, während in Japan und China beim Stapellauf eine vom Schiff zum Land gespannte Leine zerreißt – wie eine Nabelschnur, deren Durchtrennung das Schiffsgeschöpf seinem Element überlässt. Noch heute gilt es als unglückbringend, mit einem ungetauften Schiff in See zu stechen.

Wie viele Schiffe gehen eigentlich jährlich auf den Weltmeeren unter?

Sankt Jakobi, auf einer Düne hoch über der Trave gelegen, ist die Kirche der Lübecker Seefahrer und Fischer. Noch heute kehren Segler und Marineabordnungen aus aller Welt in den gotischen Backsteinbau ein, um den Opfern der Seefahrt zu gedenken. Sie versammeln sich in einer schlichten Kapelle, in der das zerschlagene Rettungsboot Nummer 2 der 1957 westlich der Azoren in einem Orkan untergegangenen *Pamir* ausgestellt ist. Wie im Fall der Viermastbark sind auch heute schweres Wetter, Grundberührungen und – vor allem auf Tankern – Feuer zu je etwa einem Viertel die ausschlaggebende Ursache für ***Schiffsuntergänge***. Den Erhebungen des Bremer Instituts für Seeverkehrswirtschaft und Logistik zufolge, die aus erhebungstechnischen Gründen von den Statistiken der Internationalen Vereinigung der Seeversicherer (IUMI) abweichen, gingen von Anfang 2000 bis Ende 2005 insgesamt 568 Schiffe mit einer Tragfähigkeit von mehr als 500 Bruttoregistertonnen unter. Meist handelte es sich um Frachter, die zum Zeitpunkt des Untergangs zwischen 20 und 25 Jahre alt waren. In allen Altersklassen ist das statistische Risiko unterzugehen für Schiffe zwischen 1000 und 10 000 Bruttoregistertonnen besonders hoch. Insgesamt gehen so jährlich 0,1 bis 0,3 Prozent der weltweiten Schiffstonnage verloren. Kaum überraschend, dass die nach Panama, Zypern oder St. Vincent ausgeflaggten Seelenverkäufer an der Zahl untergegangener Handelsschiffe einen überdurchschnittlich großen Anteil haben. Besonders erschreckt aber, wie viele Menschen ihr Leben bei Schiffsuntergängen verlieren: Allein im Jahr 2002 zählte das Lloyd's Register of Shipping 1270 Opfer.

Gefährden *Schiffswracks aus dem Zweiten Weltkrieg* die Umwelt durch auslaufendes Öl oder Treibstoff?

Auf Seekarten der Nord- und Ostsee findet sich mehr als 1000-mal das Zeichen »Wk« für Wrack. Und jährlich kommen 40 neue Einträge hinzu. »Wie viele Wracks aus dem Zweiten Weltkrieg es noch gibt, weiß niemand genau«, sagt Thomas Dehling, zuständig für die Wracksuche beim Bundesamt für Seeschifffahrt und Hydrographie in Hamburg. »In der Nähe wichtiger Schifffahrtsstraßen wurden dic meisten Wracks kurz nach dem Krieg geborgen, gesprengt oder geplündert, sodass oft nur Gerippe übrig sind.« Sechs Jahrzehnte Salz- und Gezeitenströme haben ihr Übriges getan. »Kaum eines dieser Schiffe wird noch volle Tanks haben«, vermutet Dehling. »Ist das Öl nicht schon beim Untergang ins Wasser gelangt, ist es wohl im Lauf der Zeit Tropfen für Tropfen herausgequollen. Versucht man solch ein Wrack zu heben, kann es zerbrechen. Dann ergießt sich der giftige Tankinhalt geballt ins Meer und richtet wirklich Schaden an.« Gelangt das Öl jedoch in kleinen Mengen ins Wasser, wird es stark verdünnt und relativ schnell abgebaut. »Zahlen zum Ölaustritt von Wracks gibt es zwar nicht, aber wir beobachten den Zustand des Wassers ständig. Verglichen mit den Ölmengen, die tagtäglich durch den Schiffsverkehr ins Wasser gelangen, tragen Wracks wohl kaum merklich zu der Verschmutzung unserer Meere bei«, resümiert Dehling.

Was ist eigentlich eine *Schillerlocke*?

Goldblond und gekräuselt liegt sie im Fischtresen – Delikatesse für die einen, ökologisch unverantwortlich für die anderen. Denn: Schillerlocken sind die geräucherten Bauchseiten des Dornhais, und dessen Bestände sind inzwischen so überfischt, dass immer mehr kleine, vor allem unreife Dornhaie gefangen werden. Für die Fischverarbeiter heißt das, dass sie immer häufiger zwei Seiten zusammendrehen müssen, um eine Locke zu bekommen. Schlimmer sind jedoch die Auswirkungen auf die Bestände: Im Gegensatz zu Fischen werden Haie spät geschlechtsreif und bringen nach langer Tragzeit (im Fall des Dornhais 22 Monate) nur wenige Junge zur Welt. Ihre Zahl nimmt rapide ab, denn zu viele werden vor der Fortpflanzung gefangen. Ihren Namen haben die Köstlichkeiten übrigens von einer Imagekampagne: Hai hatte früher einen noch schlechteren Ruf als heute und war daher als Speisefisch wenig geschätzt. Da kam man schlicht auf die Idee, die Ähnlichkeit mit der Haarpracht des großen Dichters zu nutzen, und schon war die Schillerlocke in aller Munde.

Gibt es wirklich Unterwasservulkane, die Schlamm speien?

Zum Glück kann man unter Wasser nicht riechen. Wissenschaftler vermuten, dass es in den Ozeanen bis zu 100 000 Vulkane gibt, denen neben Schlamm auch Methan und andere übelriechende Gase wie Schwefelwasserstoff entweichen. ***Schlammvulkane*** entstehen überwiegend dort, wo ozeanische Krustenplatten in den Erdmantel abtauchen. Über Jahrmillionen haben sich auf den Platten Ablagerungen gesammelt, die organisches Material und Wasser enthalten. Taucht die Platte ab, nimmt sie die Sedimente mit in die Tiefe, wo großer Druck herrscht. Organisches Material wandelt sich zu Methan, und das leichte Gemisch aus Gas, Wasser und Schlamm wird nach oben gedrückt. Schon entsteht ein Vulkan, der statt Lava eine übelriechende graue Masse ausspuckt. Wissenschaftler interessieren sich für diesen Vulkanismus, weil Methan ein 30-mal stärkeres Treibhausgas ist als Kohlendioxid. Noch weiß man nicht, wie viele solcher Vulkane es gibt und wo diese sind. Und wie oft und wie stark sie ausbrechen, ist ebenfalls unbekannt.

Wie errechnet sich die Last eines Trawler-*Schleppnetzes*?

Die Zugbelastung eines Schleppnetzes hängt von vielen Faktoren ab: Schleppgeschwindigkeit, Maschenweite, Netzgröße, Menge der bereits gefangenen Fische, Anstellwinkel der Netztuchabschnitte. Ein gängiges Grundschleppnetz hat eine Zugkraft von rund sieben bis acht Tonnen, ein kleineres, in Binnenseen eingesetztes Schleppnetz einen Zug von etwa dreihundert Kilogramm. Bei großen Hochseenetzen sind Zugkräfte von bis zu sechzig Tonnen keine Seltenheit. Entsprechend stark müssen die Leinen des Fanggeschirrs ausgelegt sein. Nach Aussagen von Fachleuten der Bundesforschungsanstalt für Fischerei in Hamburg lassen sich Netzabmessungen im Durchströmungstank bei unterschiedlichen Betriebszuständen modellhaft ermitteln. Aber der Versuch, die so gewonnenen Werte in die Praxis zu übertragen, gelingt nicht immer. So wurde kürzlich in einem dänischen Modelltank ein Grundschleppnetz untersucht, das in der Ostsee eingesetzt werden soll, um mit Hilfe von Testfängen die Dorschbestände zu überwachen. Bei Versuchen in der Ostsee mit der Originalausführung zeigte sich aber, dass der Schiffsmotor zu schwach war, um das Netz mit der theoretisch berechneten Geschwindigkeit zu ziehen. »Es scheint noch ein weiter Weg zu sein, bis die Zugkräfte des Schleppnetzes realistisch modelliert werden können«, bilanziert Dr. Erdmann Dahm vom Institut für Fangtechnik der Bundesforschungsanstalt in Hamburg.

Bilden Fischschwärme einen großen Fisch nach, um Räuber abzuschrecken?

Knapp 80 Prozent der 20 000 bekannten Fischarten finden sich in irgendeiner Phase ihres Lebens zu Schwärmen zusammen. Es scheint also, dass ***Schwarmbildung*** die Überlebenschancen mehr oder minder deutlich erhöht. Allerdings nehmen Schwärme nicht bewusst die Gestalt eines großen Fisches an, um potenzielle Räuber abzuschrecken. Schließlich würde ein solches Verhalten voraussetzen, dass der Schwarm als »Superorganismus« ein übergeordnetes Bewusstsein entwickelt. Die Vorteile des Schwarmverhaltens sind subtilerer Natur. Die schiere Masse der glitzernden Fischleiber und die sich ständig ändernden Formen und Farben des Schwarms erschweren es dem Räuber, sich auf einen einzelnen Beutefisch zu konzentrieren. Überdies sinkt das Risiko jedes Fischindividuums, gefressen zu werden, mit wachsender Größe des Schwarms. Denn zum einen vergrößert dies für den Raubfisch die Qual der Wahl; andererseits kann er ohnehin nur eine begrenzte Anzahl von Beutefischen vertilgen. Dagegen lässt sich naturgemäß einwenden, dass die Chancen, einem Räuber zu entkommen, vor allem für jene Fische sinken, die den äußeren Rand des Schwarms bilden.

Wie koordinieren *Schwarmfische* ihre Bewegungen?

Ein Hai nähert sich, und blitzartig ändern Millionen glänzender Leiber die Richtung. Wie geschieht das? Schließlich können Fische nicht »Achtung!« oder »Alles nach links!« rufen. Eine in der Fachzeitschrift *Nature* veröffentlichte Studie geht davon aus, dass es genügt, wenn wenige Fische im Schwarm wissen, wohin sie wollen. Fische nehmen über ihr Seitenlinienorgan winzigste Wasserbewegungen wahr. So kontrollieren sie auch Abstand und Schwimmrichtung ihrer Schwarmnachbarn. Auch Augen, Nase und andere Sinnesorgane helfen bei der Orientierung. Kommt ihnen ein Nachbar zu nahe, weichen sie aus; ist der Abstand zu groß, schließen sie auf. Ahnt ein Fisch im Schwarm eine Gefahr oder kennt den Weg zu guten Futtergründen, schwimmt er in eine bestimmte Richtung. Die Fische, die eine solche bevorzugte Richtung haben, beeinflussen allein dadurch den Schwarm, dass sie immer wieder ihren Nachbarn auf die Schuppen rücken. Jedes Ausweichmanöver pflanzt sich blitzschnell durch den Schwarm fort. Denn, so die Forscher, den meisten Fischen ist es nicht wichtig, wohin sie schwimmen – Hauptsache, sie schwimmen mit dem Schwarm.

Rauchen *Schwarze Raucher* wirklich?

Bakterienmatten, augenlose weiße Krabben, Würmer ohne Darm, Riesenmuscheln – wimmelndes Leben in lichtloser Tiefe. Diese eigenartige Welt hat sich ausgerechnet dort gebildet, wo etwas, das wie dicker schwarzer »Qualm« aussieht, aus teilweise meterhohen Schloten quillt. Tatsächlich handelt es sich um dunkel gefärbte Wasserwolken. Sie entstehen dort, wo sich Magma nur wenige Kilometer unter dem Meeresboden befindet. Sickert Meerwasser durch Risse in den Untergrund, beginnt es zu kochen und löst Mineralien aus dem Stein. Derart aufgeheizt und angereichert, strömt es als saure, zum Teil über 400 °C heiße Wassermasse aus den Schornsteinen. Beim Kontakt mit dem Meerwasser flocken Metallsulfide aus und bilden dicken Nebel. Spezielle Bakterien nutzen die Energiequelle, die für das meiste Leben auf Erden giftig wäre. Sind sie erst vorhanden, entwickelt sich rasch eine Nahrungskette, und der unwirtliche Ort erblüht. Der Artenreichtum währt jedoch nicht ewig. Soweit wir wissen, erkalten die Raucher nach höchstens 100 Jahren.

Sind *Seeanemonen* Pflanzen oder Tiere?

Wenn man Seeanemonen sieht, drängt sich das Bild der Blume unweigerlich auf. In allen Farben, filigran und zerbrechlich wiegen sich ihre Fangarme in der Strömung. Doch die zu den Blumentieren gehörigen Wesen sind eindeutig Tiere. Etwa 1000 Arten gibt es weltweit, vom Strand bis in die Tiefen der Ozeane, von der Südsee bis zu den Polen. Auch wenn es keine Blumen sind, so ernährt sich doch eine ganze Reihe von ihnen mit Hilfe eingelagerter einzelliger Algen vom Sonnenlicht, genau wie ihre engen Verwandten, die Korallen. Von diesen Algen stammen auch viele der bunten Farben. Auch der Eindruck, dass Anemonen sich nicht vom Fleck bewegen, trügt. Ihre Haftscheibe, mit der sie sich am Untergrund halten, ist muskulös. Mit ihr kriechen sie langsam, aber stetig über den Boden. Das tun sie vor allem, wenn die Strömung ihnen nicht mehr genug Nahrung in die Arme treibt. Haben sie einen Fang gemacht, stecken sie ihn mit eleganten Bewegungen in den im Kreis der Arme gelegenen Mund. Zu nahe sollte man den meisten der Schönheiten übrigens nicht kommen. Sie gehören wie Quallen zu den Nesseltieren und hinterlassen bei Berührung schmerzhafte Spuren.

Warum darf man sich bei einer Fahrt an *Seehundbänken* entlang nur flüsternd unterhalten?

Seehunde reagieren nervös, wenn sie menschliche Silhouetten oder Stimmen wahrnehmen. Da die Robben gerade dann ihre Jungen aufziehen und ihr Haarkleid wechseln, wenn der Touristenansturm am größten ist, sollten Ausflugsdampfer gebührenden Abstand wahren und die Passagiere sich im Flüsterton unterhalten; zumal dann, wenn der Wind vom Schiff Richtung Sandbank weht. Untersuchungen haben ergeben, dass Seehunde erst bei einer Distanz von 800 Metern keine auffälligen Reaktionen mehr zeigen. Wird dieser Abstand unterschritten, heben die Tiere sichernd ihre Köpfe, fliehen vereinzelt an den Rand der Sandbank oder flüchten rudelweise ins Wasser. Wie und wann Seehunde auf Störungen reagieren, ist von Tier zu Tier unterschiedlich. Manche Seehunde verharren selbst bei einer Entfernung von nur 100 Metern auf ihrer Sandbank. Sie scheinen sich an den Lärm von Schiffen gewöhnt zu haben.

Kann man in der Unterelbe tatsächlich *Seehunde* beobachten?

Der Lebensraum der niedlichen »Heuler« bzw. ihrer ausgewachsenen Artgenossen reicht von der offenen Nordsee bis weit elb- und weseraufwärts. »Manchmal kann man in der Unterelbe Seehundrudel von bis zu siebzig Tieren beobachten«, sagt Delf Wille. Bis hinauf nach Geesthacht, immerhin knapp 150 Kilometer von der offenen Nordsee entfernt, sind die Hundsrobben nach Angaben des Mitarbeiters der Seehundstation Friedrichskoog anzutreffen. Auch auf der Weser wird Ähnliches beobachtet. So tummelte sich im Frühjahr 2007 regelmäßig eine Robbe vor dem Bremer Weserstadion – die Bremer bescheinigten ihr natürlich guten Geschmack in Sachen Fußball. Seehunde leben also keineswegs ausschließlich im Salzwasser. Vielmehr kommt es ihnen auf günstige Liegeflächen und gute Nahrungsgründe an. Als sogenannte Nahrungsopportunisten fressen sie, was ihnen vor die Schnauze kommt: sowohl Flussfische wie Barben und Neunaugen als auch die in der Nordsee vorkommenden Flundern, Dorsche und Klieschen. Da

Flussmündungen oft fischreich sind, wundert es kaum, dass die Robben elb- oder weseraufwärts ziehen.
Infos: *www.seehundstation-friedrichskoog.de*

Wie versteinert ein *Seeigel*?

Entpuppt sich der merkwürdige Kiesel am Strand als versteinerter Seeigel, ist die Freude groß. Seeigel haben gute Chancen, in der Vitrine eines Fossiliensammlers zu landen, da sie eine harte Kalkschale haben und im Meer leben. Dort werden sie eher schnell von Schlamm bedeckt als an Land. Dies schützt vor Aasfressern und Verwesung. Nur ein winziger Teil aller Überreste von Lebewesen fossilisiert. Manchmal füllt sich die Schale eines Seeigels mit Meeresschlamm. Dieser versteinert im Laufe der Jahrmillionen durch den Druck der auf ihm abgelagerten Schichten – ein Steinkern entsteht. Wie aufgedruckt bildet er die Innenseite der Seeigelschale ab. Die Schale selbst löst sich meist auf. Wandelt sich aber ihre Kristallstruktur um, so kann auch sie erhalten bleiben. Ob Steinkern, Abdruck im umgebenden Gestein oder Schale überdauern, hängt von den Umständen ab. Wie lange es dauert, bis ein Fossil entsteht, weiß keiner genau. Aber zeigt ein Fischfossil sogar Details der filigranen Kiemen, muss der Fisch innerhalb von Stunden von einer schützenden Hülle umgeben worden sein. Und immerhin wurde in Florida auch schon eine versteinerte Coladose gefunden. Das lässt doch für zukünftige Fossiliensammler hoffen.

Warum bedecken sich manche Seeigel mit Materialien, die auf dem Meeresboden liegen, andere aber nicht?

Seeigel sind trotz ihrer Stacheln für viele Fische eine beliebte Mahlzeit. Um diesem Schicksal zu entgehen, haben die Seeigel eine Strategie entwickelt. Sie bedecken sich mit Algen, Muschelresten oder anderen Materialien des Meeresbodens. Die Stacheltiere sind eng mit den Seesternen verwandt. Wie diese verfügen sie über Saugnäpfe, die allerdings wesentlich länger sind. Manche Arten haben sogar Saugnäpfe an der Oberseite ihrer Kalkschalen. Angehörige dieser Spezies können damit Material vom Boden aufnehmen und über ihre Stacheln balancieren. Versuche haben ergeben, dass die »behüteten« Exemplare nicht so schnell im Bauch des nächstbesten Raubfischs landen, da sie schwerer zu fressen sind. Obwohl die Vorteile auf der Hand liegen, legen sich nicht alle Seeigel, die dies könnten, einen solchen ***Seeigelschutzschild*** zu. Ausschlaggebend dafür ist, dass genügend Materialien verfügbar sind. Ist das der Fall, sind auch alle Tiere wohl behütet.

Warum wird man seekrank, und was kann man dagegen tun?

»Natürlich habe ich auch mit diesem Problem zu kämpfen, obwohl es mir bis jetzt noch immer gelungen ist, nicht kotzen zu müssen« – selbst Bobby Schenk, berühmter Weltumsegler gibt auf seiner Webseite frank und frei zu, dass auch er seekrank wird. Tatsächlich ist kaum jemand vor ***Seekrankheit*** gefeit – zumindest niemand, bei dem der achte Kopfnerv und das Gleichgewichtsorgan im Innenohr einwandfrei funktionieren. Jede Bewegungsrichtung des Kopfes im Raum wird durch die drei Bogengänge im Ohr, jeweils einer für rechts-links, vor-zurück und auf-ab, wahrgenommen – auch die durch das Schiffsschaukeln. Da aber auch Augen und Skelettmuskeln Informationen über die Lage und Bewegung des Körpers an das Gehirn senden, kommt es besonders auf Schiffen, aber auch in Auto, Flugzeug, Raumfähre oder Zug zu widersprüchlichen Signalen. Denn: Die

Informationen aus dem Innenohr ereichen das Gehirn mit leichter Verzögerung. Dieses Chaos macht müde, schwindelig und übel. Das Entleeren des Magens könnte eine Schutzfunktion des Körpers sein, da manche Gifte ähnlich verwirrende Effekte auf das Gehirn haben. Medikamente und Tricks gegen die Reisekrankheit gibt es viele. Medikamente helfen aber alle nur vorbeugend, indem sie das Gleichgewichtsorgan oder den Magen beruhigen – viele mit unangenehmen Nebenwirkungen. Wirklich helfen tun folgende Tipps: den ruhigsten Punkt des Schiffes suchen, hinlegen, frische Luft, nicht darüber reden, entspannen, den Horizont möglichst in Fahrtrichtung betrachten, sich auf die Bewegung einstellen und im Kopfe mitgehen, den Magen nicht überlasten. Oder einfach warten: Bei den meisten Menschen schafft der Kopf es nach zwei bis drei Tagen Schaukelei die widersprüchlichen Informationen zu einem Ganzen zusammenzufügen. Nicht gerade willkommener Rat für die fünf bis zehn Prozent der Menschen, die am liebsten sterben würden, wenn sie fest im Griff der Seekrankheit sind.

Woher kommt der Begriff *Seemannsgarn*?

In der großen Ära der Frachtsegler war der dem Bootsmann unterstellte Schiemann für die Instandhaltung des Fockmasts zuständig. Der Begriff geht vermutlich auf »Schipmann« zurück und ist spätestens seit dem 18. Jahrhundert im Deutschen, Niederländischen und Dänischen bekannt. Zur Seemannsarbeit, dem »schiemannen«, gehörte nicht zuletzt die Instandhaltung des Tauwerks. Leinen, Trossen und Reeps mussten immer wieder neu zusammengefügt – verspleißt – und die Spleißstellen anschließend mit Garn umwickelt werden. Dieses wenige Millimeter dünne, oft aus geteertem Hanf bestehende

Schiemannsgarn wurde aus altem Tauwerk gewonnen. Bei schönem Wetter versammelten sich die Matrosen an Deck, um gebrauchte Garne zu recyceln oder mit Hilfe eines speziellen Arbeitsgeräts, der Schiemannswoid, neues Garn zu drehen oder zu spinnen. Eine Arbeit, die leicht von der Hand ging und nicht allzu viel Konzentration erforderte. Daher wundert es nicht, dass die ›Jan Maaten‹ sich dabei Döntjes von früheren Reisen erzählten. So bekam der Begriff im Lauf der Zeit eine neue Bedeutung: Seemannsgarn spinnen stand jetzt für ausschweifende Erzählungen von Seefahrern, irgendwo zwischen Dichtung und Wahrheit angesiedelt. Der bekannteste »Spinner« heutiger Tage ist vor allem den Fans der »Sendung mit der Maus« bekannt: Dort spinnt Käpt'n Blaubär das beste Seemannsgarn weit und breit. Sehr zur Freude seiner Enkel – und der vielen großen und kleinen Zuschauer an den Bildschirmen.

Was ist der *Seemannssonntag*?

Die Mägen der Seemänner freuen sich auf den Donnerstag. Das war auf den alten Wikingerschiffen so und hat sich auch auf modernen Forschungsschiffen wie der *Meteor* nicht geändert. Der Name ***Seemannssonntag*** ist eigentlich ironisch, denn so wie Christen der Sonntag heilig ist, so war den Wikingern, von denen dieser Brauch stammt, der Donnerstag, Thorsdag, heilig. Und den Göttern zu Ehren wurde nun einmal auch gut gespeist. Die Besonderheit des heidnischen Donnerstags lebte im 18. Jahrhundert wieder auf. Zu dieser Zeit verging kein Tag auf den Schiffen ohne kirchliche Andacht. Den Seemännern war's recht: Mit gefalteten Händen lässt sich schwere Arbeit nicht verrichten. Hamburgs Senat war dies ein Dorn im Auge. Wohl ohne den Ursprung zu kennen, wies der Senat die christlichen Schiffsprediger in den »Artikelsbriefen« von 1727 an: »Wenn ein Schiff im Hafen lieget und das Volk frisch Wasser holet, auch andere Arbeit zur Rückreise verfertigen muss, alsdann soll der Gottesdienst nur am Sonntage und am Donnerstage abserviert werden.« Heute zeugt vom »Sonntag der Seemänner« meist nur noch ein üppiges Mittagsmahl. Und das schmeckt immer – Thor sei Dank.

Ist Nebel auf See ein Zeichen für Landnähe? Oder gibt es nebelanfällige Ozeanregionen?

Nebeltröpfchen sind bis zu 20 Tausendstelmillimeter groß. Wenn sie sich ballen und die Sichtweite auf weniger als einen Kilometer schrumpft, herrscht laut meteorologischer Definition Nebel. Auf See kann dies durchaus ein Zeichen von Landnähe sein. So streicht im Herbst kühle kontinentale Luft seewärts über das noch 15 oder mehr Grad Celsius warme Ostseewasser. Die Folge: ausgedehnte Nebelfelder, sogenannte Warmwassernebel. Umgekehrt werden Kaltwassernebel häufig im Frühjahr beobachtet, wie zum Beispiel in der Nordsee. Grund ist feuchtkalte Meeresluft, die auf feuchtwarme Festlandsluft trifft. Freilich gibt es auch offene Ozeanregionen, in denen ***Seenebel*** gehäuft auftritt. Dies ist im westlichen Nordatlantik und im Nordpazifik der Fall, vor allem im Juli. Berüchtigt ist der Neufundlandnebel, der sich im Grenzbereich zwischen kaltem Labradorstrom und warmem Golfstrom entwickelt. Aber auch im Indischen Ozean sind solche »Nebellöcher« bekannt, in denen warme und kühle Meeresströmungen aufeinandertreffen.

Im Brackwasser vor Travemünde beobachtete ich in einer Sommernacht einen Wurm, der flott in der obersten Wasserschicht kreuzte. Wer war es?

Vermutlich handelte es um einen Nereiden. Seinen Namen verdankt er Nereus, dem antiken griechischen Gott der Seen. In Nord- und Ostsee kommen vor allem zwei Arten dieser Würmer vor: der Grüne Meerringelwurm (*Nereis virens*) sowie der Schillernde ***Seeringelwurm*** (*Nereis diversicolor*). Beide graben sich im Meeresboden ein und ernähren sich von Kieselalgen, Aas, Pflanzenteilen und kleineren Meeresbewohnern. Ihre Fortpflanzung hängt unter anderem von den Mondphasen ab. Wenn die Wassertemperatur im Frühjahr sechs Grad Celsius erreicht und Voll- oder Neumond herrscht, steigen die Männchen an die Wasseroberfläche, um – quasi als letztes Lebenszeichen – Spermien abzugeben. Danach sterben sie ab. Ihre Spermien »regnen« durch die Wassersäule und befruchten die Eier der Weibchen – ein neuer Zyklus beginnt. Meerringelwürmer sind gerade zur Laichzeit elegante, schnelle Schwimmer. Ihre Schwimmfüße sind in dieser Lebensphase zu »Paddeln« ausgebildet. Mit 40 Zentimeter Länge ist *Nereis virens* der größte Wurm der Nordsee. Mit seinen Beißwerkzeugen kann er selbst Menschen schmerzhafte, aber ungefährliche Bisse zufügen.

Was ist *Seespargel*, und wie isst man ihn?

»Arme-Leute-Spargel« hieß der Seespargel früher, denn schon vor 1000 Jahren sammelten ihn vornehmlich holländische, englische und französische Küstenbewohner der unteren Schichten. Heute hingegen bekommt man die Spitzen der grünen, fleischigen Pflanze aus der Familie der Gänsefußgewächse nur in Delikatessenläden und Gourmetrestaurants. Dort wird die knackige Wiederentdeckung gedünstet, als Salat, eingelegt oder roh zu saftigen Preisen angeboten. Das könnte sich ändern: Als erste Nutzpflanze, die sich ausschließlich mit Meerwasser bewässern lässt, birgt sie große Hoffnung für versalzte Böden. Aus den bis zu einem halben Meter hohen Stängeln lässt sich zudem hochwertiges Öl und proteinreiches Mehl gewinnen, das sich gut als Tierfutter eignet. Wenn Sie beim nächsten Strandspaziergang Seespargel für eine exklusive Vorspeise sammeln möchten: Entfernen Sie alles Getier und andere Meerespflanzen, ehe Sie die Spargelspitzen für vier Minuten blanchieren, um überschüssiges Salz zu entfernen. Bon appétit!

Welchen Ursprung hat das *»Seite«-Pfeifen* bei der Marine?

Die Bootsmannsmaatenpfeife ist ein leicht gekrümmtes, dünnes Metallrohr, dem sich langgezogene Triller entlocken lassen. So, wenn ein Offizier sich anschickt, das Fallreep oder die Stelling eines Kriegsschiffs zu betreten. Dann gibt der Wachhabende Offizier das Kommando »Seite«, der Bootsmannsmaat greift zur Pfeife, und das Ehrensignal für den an Bord Kommenden schrillt über Deck. Dabei gibt es unterschiedliche Signale, je nachdem, auf welcher Seite der Offizier aufentert. Dies soll verhindern, dass der Ehrengast von der Mannschaft zwar in vorschriftsmäßiger Haltung, aber mit der Kehrseite begrüßt wird. Der Brauch stammt aus der Zeit der Segelschifffahrt. Wenn Offiziere im Beiboot an größere Schiffe herangerudert wurden, brauchten sie im Gegensatz zu ihren Untergebenen nicht über eine schwankende Strickleiter an Bord zu klettern, sondern wurden per Korb an Deck gehievt. Damit das Manöver auch bei Sturm und flatternden Segeln buchstäblich wie am Schnürchen klappte, wurden die dazu notwendigen Befehle akustisch, per Pfeife, erteilt. Sollte der Offizier während eines Bordgottesdienstes oder einer Munitionsübergabe an Bord kommen oder ständig das Fallreep hinauf- und hinuntereilen, so wird die »stille Seite« praktiziert: Die Pfeife bleibt stumm.

Wie weit kann man auf offener See maximal sehen?

Bei bester Fernsicht stand einer unserer Leser auf einem 128 Meter hohen Kreidefelsen der dänischen Insel Møn. »Ich habe gestaunt, als ich mit dem Fernglas die Pfeiler der etwa 70 Kilometer entfernten Øresundbrücke sowie das ungefähr 140 Kilometer entfernte Bornholm zu sehen meinte.« Gute Augen, gutes Fernglas – oder Sinnestäuschung? Das lässt sich mit Hilfe einer Formel zur optischen ***Sichtweite*** (S) beantworten. Die hängt nämlich sowohl von der Augenhöhe des Beobachters (h1) als auch von der des angepeilten Objekts (h2) ab. Denn wir können nur sehen, was nicht hinter dem gekrümmten Horizont verschwunden ist. Was sichtbar ist und was nicht, errechnet man wie folgt: S (in Kilometern) = 3,843 x ($\sqrt{h1}$ + $\sqrt{h2}$). Nun sind die Brückenpfeiler je 203,5 Meter hoch, die höchsten Erhebungen Bornholms aber nur 162 Meter. Demnach ergeben sich bei einer Augenhöhe von gut 130 Metern folgende maximale Sichtweiten: Richtung Øresundbrücke knapp 100, Richtung Bornholm gut 92 Kilometer. Bornholm lag also hinter der Kimm. Möglich ist aber, dass die Kontur der Ferieninsel durch ungewöhnliche Lichtbrechungen über den Horizont gehoben wurde – als Fata Morgana des Baltischen Meeres.

Welches sind die *Sieben Meere*, und wer herrscht über sie?

Die Sieben Meere heißt eine Gedichtsammlung von Rudyard Kipling, dem Autor des *Dschungelbuchs*. Doch schon vor dem Erscheinen dieses Bandes 1896 war dieser Begriff weit verbreitet. Die Bedeutung allerdings wandelte sich im Laufe der Zeit mit dem wachsenden Wissen um die Meere, ihre Anzahl und Größe. Ursprünglich war dieser Begriff wohl nicht wortwörtlich gemeint, sondern meinte alle bekannten Meere. Unter »sieben« verstand man dabei viele oder alle, nicht aber eine konkrete Zahl. Der Begriff taucht u. a. in alten chinesischen, persischen und römischen Texten auf, meint aber jeweils andere Seegebiete. Frühe Seefahrer zählten zu »den Sieben Meeren«: das Rote Meer, das Mittelmeer, den Persischen Golf, das Schwarze Meer, das Adriatische Meer, das Kaspische Meer und den Indischen Ozean. Heute kennen wir mehr von der Welt und beziehen den Begriff dementsprechend auf größere Meere: Nord- und Südatlantik, Nord- und Südpazifik, Indischer, Antarktischer und Arktischer Ozean. Doch da sich diese Meere nicht wirklich gegeneinander abgrenzen lassen und man auch vom globalen Weltozean spricht, meint der Ausdruck »die Sieben Meere« noch immer das, was er auch im Ursprung bedeutete: alle bekannten Meere der Welt. Nur sind heute mehr Meere bekannt als noch vor ein paar hundert Jahren. Über ihren Herrscher lesen wir in der griechischen Mythologie Folgendes: Einst teilten die drei Söhne des Titanen Kronos die Welt unter sich auf. Dabei fiel der Ozean dem Mann mit dem Dreizack zu. Fortan war Poseidon der Herr(scher) der Meere. Die alten Römer pflegten ihn mit ihrem Meeresgott Neptun gleichzusetzen. Künstler späterer Jahrhunderte stellten Neptun alias Poseidon meist als ehrwürdige, bärtige Mannsgestalt dar, die, bisweilen von Delphinen begleitet, ihre Harpune fest umschlossen hält. Wer jemals auf einem Schiff den Nord- bzw. Südpolarkreis oder den Äquator überfahren hat, müsste dem Herrn der Meere eigentlich schon begegnet sein. Denn er ist es, der Landratten, die in sein Reich eindringen, einem mehr oder minder grobem Taufritual unterzieht.

Wie schnell sinkt ein Schiff, wenn es vollgelaufen ist? (*Sinkgeschwindigkeit*)

Auch wenn es Schiffbrüchigen meist anders vorkommt, so sinken Schiffe doch relativ langsam. Es dauert meist Stunden bis Tage, ehe sich die Wellen über einem lecken Schiff schließen. Es gibt daher keine Faustformel, wie schnell ein Schiff untergeht. Ist es erst einmal unter Wasser, sinkt es je nach Gewicht, Form und Lage unterschiedlich schnell, im Extremfall sogar mit 25 km/h, aber auch nur dann, wenn das Schiff mit dem Bug voran in die Tiefe geht. Meist liegt die Geschwindigkeit nur bei ein bis zwei Metern je Sekunde. Das sinkende Schiff hinterlässt ein Loch, in das Wasser nachströmt. Ein Badewannenexperiment: Drückt man die flache Hand unter Wasser, so bildet sich eine »Delle« im Wasser, die aber sofort wieder gefüllt wird. Im Fall des Schiffes entsteht eine entsprechend größere Delle, sodass Schiffbrüchige mit dem Schiff in die Tiefe gesogen werden können. Auch für die Geräusche, die ein sinkendes Schiff von sich gibt, gibt es eine Erklärung: Während des Untergangs entweicht Luft aus dem Schiffsinneren; zusammen mit dem sich biegenden und berstenden Stahl entsteht so das typische laute und unheimliche Stöhnen und Knarren.

Gehören *Skagerrak und Kattegat* zur Nord- oder zur Ostsee? Und an welchem Meer liegt dann das schwedische Urlaubsgebiet Bohuslän?

Wasser ist unstet und verändert die Meere und ihre Küsten ständig. Dies macht es schwierig, Grenzen zwischen Seegebieten festzulegen. Darüber hinaus haben diese Grenzen nur geringe politische Bedeutung. Es wundert daher nicht, dass die Bezeichnungen und Grenzen der Meere je nach Sichtweise variieren. Die Internationale Hydrographische Organisation, eine UNO-Einrichtung mit Sitz in Monaco, liefert jedoch in ihrer Publikation *Grenzen der Ozeane und Meere* von 1953 genaue Angaben für die Vermessung der Meere. Demnach verläuft die Trennlinie zwischen Skagerrak und Kattegat von Skagens Odde an der Nordspitze Dänemarks nach Paternoster Skär, knapp nördlich von Göteborg, und weiter nordöstlich zur Insel Tjörn. Allerdings gibt dieses Werk Skagerrak und Kattegat als eigene Seegebiete an. Die Ostsee beginnt danach erst südlich der dänischen Inseln, alles nördlich davon gilt als Kattegat, Belte und Sund. In der Nordsee befände man sich erst mit Überschreiten der Linie zwischen Hanstholm auf dänischer und Lindesnes auf norwegischer Seite. Gemeinhin zählt aber das Skagerrak zur Nordsee und das Kattegat zur Ostsee. Die Region Bohuslän liegt also überwiegend an der Nordsee, in jedem Fall aber am Skagerrak.

Stimmt es, dass sich *Sonnenblumen* – wo vorhanden – nach dem Passatwind ausrichten?

Noch im 16. Jahrhundert galten Sonnenblumen als Rarität. Sie waren aus Amerika zu uns gekommen und galten wegen ihrer großen Blüte als kostbar. Es wundert nicht, dass sie zunächst fast nur in den königlichen Gärten Europas wuchsen. Heute dagegen lächeln uns im Sommer ganze Felder der fröhlich-gelben Köpfe entgegen. Auf einer Reise bemerkte einer unserer Leser, dass sich die Blumen in Richtung des stetigen Passatwinds zu neigen scheinen. Vermutlich beobachtete er dieses Phänomen nachmittags, denn: Die Sonnenblume wendet ihr Gesicht stets zur Sonne. Am Nachmittag weht auf der Nordhalbkugel der Nordostpassat der Sonne entgegen, die dann im Südwesten steht. Für den Rest des Tages gilt die Beobachtung allerdings nicht, da sich die Blüten stets der Sonne zuwenden, die ihren Stand vom Aufgang im Osten bis zum Untergang im Westen ständig verändert. Dies bedeutet, dass Sonnenblumen auf Nord- wie Südhalbkugel nur nachmittags in dieselbe Richtung zeigen wie der jeweils vorherrschende Passat.

Woher kommen die Schnecken und Muscheln, die bei uns als *Souvenirs* angeboten werden?

Tritonshorn, Spinnenschnecke und Löwentatze – sie alle haben eines gemeinsam: Sie stehen zum Verkauf, und zwar auch an Nord- und Ostsee, obwohl sie hier nicht leben. Kein Souvenirladen, der sie nicht führt, die Schildkröte aus Kaurischnecken oder die mit Muscheln besetzte Herzschatulle. An norddeutschen Stränden sucht der Tourist vergeblich nach der farbigen Pracht aus dem Strandshop. Denn Schalenfarben und -formen scheinen umso exotischer zu werden, je wärmer das Wasser und je größer die Konkurrenz ist. In den kühlen und eher artenarmen Gewässern der Nord- und Ostsee ist beides nicht gerade ausgeprägt. Daher importieren Großhändler die tropischen Schönheiten tonnenweise in Containern, hauptsächlich aus den Philippinen, Indien und andern Regionen des Indopazifiks. Gesammelt werden sie – oft lebend – von Menschen, die sie an lokale Großhändler verkaufen. Doch nicht alle Arten vertragen die Ernte gut und bekommen genügend Nachwuchs. »Nur weil die gehandelten Arten nicht geschützt sind, heißt das nicht, dass sie nicht bedroht sind«, erklärt Vollrath Wiese vom Haus der Natur in Cismar. Er rät zur Vorsicht. »Wir wissen noch viel zu wenig darüber, welche Rolle Schnecken und Muscheln im Meer spielen, um sie wie wild einzusammeln.«

Im Mittelmeer ist der Salzgehalt höher als im offenen Ozean. Gilt das auch für die Konzentration der *Spurenelemente* des Mittelmeerwassers?

Der Salzgehalt von Atlantikwasser liegt bei etwa 3,5 Prozent. Im Mittelmeer ist die Verdunstung größer als der Nachschub an Frischwasser; entsprechend liegt der Salzgehalt bei etwa 3,8 Prozent. Dieses Verhältnis gilt jedoch nicht für Spurenelemente wie Eisen oder Mangan, die über Staubeinträge aus der Sahara, über den Wasseraustausch zwischen oberen und unteren Meeresstockwerken oder über Flüsse ins Mittelmeer gelangen. Im Vergleich zum Atlantik sind Aluminium und Blei im westlichen Mittelmeer höher konzentriert; Mangan, Phosphor und Cadmium jedoch niedriger. Eisen-, Kupfer- und Nickelkonzentrationen sind in beiden Meeren etwa gleich groß. Allerdings gibt es Unterschiede bei der Tiefenverteilung. So nimmt der Aluminiumgehalt im Mittelmeer mit zunehmender Tiefe stark zu, während dies in anderen Ozeanen umgekehrt ist. Solche Unterschiede, die auch für andere Gewässer gelten, nutzen Ozeanographen, um Strömungsverhältnisse und Herkunftsgebiete von Wassermassen zu bestimmen.

Hospize, Schiffe, Hotels und Lieder tragen den Namen *Stella Maris*. Was verbirgt sich dahinter?

In einem 1975 vom Papst herausgegebenen Apostolischen Schreiben über die Seelsorge auf dem Meer heißt es: »Stella maris, Meeresstern, ist der beliebteste Beiname, mit dem die Seeleute seit jeher diejenige anriefen, deren Schutz und Beistand sie vertrauen: die Jungfrau Maria.« Erstmals taucht der Begriff Stella maris in den Litaneien des Heiligen Augustinus (354–430 n. Chr.) auf. Später wurde eine in Schottland gegründete Seemannsmission so benannt. Heute firmiert darunter ein weltweites Netzwerk katholischer Seemannsclubs und -heime. Im Lauf der Zeit ist der Begriff auf weltliche Bereiche übergegangen: Auch Campingplätze, Hotels und Ferienclubs heißen heute so.

Warum wird an der deutschen Nordseeküste kein *Stockfisch* hergestellt?

Fisch und Besuch stinken nach drei Tagen, sagt der Volksmund. Zumindest für Fisch muss das nicht gelten. Ehe Kühlschrank und Konserve ihren Siegeszug antraten, garantierten Fisch, Fleisch und Obst in getrockneter Form den Menschen gehaltvolle Nahrung zu jeder Jahreszeit. Beim Trocknen gehen mehr als zwei Drittel jener Flüssigkeit verloren, in der Fäulnisbakterien sich vermehren. Daher halten sich getrocknete Lebensmittel wesentlich länger. Stockfisch, so die genaue Bezeichnung für getrockneten, aber ungesalzenen Fisch, wird meist aus Kabeljau hergestellt. In Island, Norwegen und auf den Färöern wird dieser Fisch in großen Mengen gefangen und verarbeitet. Die vor der deutschen Küste gefangenen Speisefische sind dagegen fettreicher und eignen sich daher eher zum Räuchern. So hat sich eine

Stockfischtradition kaum begründen können. Diese spielt bei der Verbreitung des Trockenfischs aber eine große Rolle: Bereits im Mittelalter verproviantierten sich Norwegens und Islands Seefahrer für ihre Törns mit Stockfisch.

Warum wird die untergehende Sonne auf dem Meer nicht als Punkt, sondern als Lichtbahn reflektiert?

Straße des Glücks nennen die Russen die Lichtreflexion der tiefstehenden Sonne auf dem Wasser. Aber wieso entsteht eine Straße und kein getreues Abbild der Sonne? Das Wasser spiegelt die Lichtstrahlen so wider, dass sie das Auge des Betrachters erreichen. Ist die reflektierende Oberfläche glatt und unbewegt, haben nur wenige Punkte den richtigen Winkel dafür – die Lichtquelle wird getreu abgebildet. Ist das Wasser hingegen bewegt, so wird das Licht von vielen verschiedenen Punkten zum Betrachter reflektiert – es streut, und eine Lichtbahn entsteht. Das liegt daran, dass viele Punkte der ständig bewegten Wasseroberfläche innerhalb eines bestimmten Zeitraums den richtigen Winkel zur Sonne einnehmen, um die Lichtstrahlen direkt zum Auge des Betrachters zu reflektieren. Jeder Punkt, der häufig genug diese Bedingung erfüllt, verstärkt diesen Eindruck. Ist die Oberfläche jedoch zu rau, erreichen zu wenige Reflexe den Betrachter, um noch einen zusammenhängenden Eindruck des Lichts zu vermitteln.

Wie werden die Strömungen in den Ozeanen gemessen?

Meere transportieren sehr viel Wärme zwischen tropischen und hohen Breiten und beeinflussen so das Klimageschehen. Für Ozeanographen ist es wichtig zu wissen, wie schnell die Meeresströmungen fließen und wie viel Wasser sie transportieren. Deshalb setzen sie auf ihren Forschungsfahrten ***Strömungsmesser*** in unterschiedlichen Tiefen aus, um horizontal verlaufende Strömungen zu erfassen. Die kleinen Propeller drehen sich mit wachsender Strömungsgeschwindigkeit immer schneller. Aus mehreren solcher Punktmessungen kann man die horizontale Strömung eines Meeresgebietes errechnen. Diese Messgeräte sind fest verankert und bleiben an Ort und Stelle. Es gibt jedoch auch die sogenannten Drifter-Geräte, die mit dem Wasser treiben und ihre Position immer wieder über Satellit melden. Vertikale Strömungen werden zumeist mit der sogenannten Doppler-Technik erfasst. Dabei wird von der Differenz aus theoretischer und gemessener Laufzeit eines akustischen Signals zwischen Forschungsschiff und fraglichem Wasserkörper auf dessen Strömungsgeschwindigkeit geschlossen. Der berechnete Wasserdurchlauf wird in der Einheit »Sverdrup« erfasst. Ein Sverdrup entspricht einer Million Kubikmeter Wasser pro Sekunde. Der Golfstrom etwa bewegt 18,5 Sverdrup. Die Einheit erinnert an den norwegischen Meteorologen und Ozeanographen Harald U. Sverdrup (1888–1957), der Direktor des berühmten Scripps Instituts für Ozeanographie in Kalifornien war.

Warum sind *Sturmfluten* im Winter häufiger als im Sommer, und warum gibt es sie häufiger nachts?

Ende Mai 2000 fegte ein veritabler Orkan über Norddeutschland hinweg, in dieser Jahreszeit ein seltenes Ereignis, verursacht durch starke Luftdruckgegensätze zwischen einem Tief über dem östlichen Atlantik und einem Hoch weiter südlich. Tatsächlich werden die meisten Stürme im Nordseeraum während des Winterhalbjahrs gezählt. Sie blasen zumeist aus westlichen Richtungen und verursachen je nach

Dauer und Zusammenspiel mit Ebbe und Flut unterschiedlich starke Sturmfluten. Die Sturmtiefs entstehen an der Polarfront, der Grenzregion zwischen warmen atlantischen und kalten subarktischen Luftmassen. Im Sommer verläuft die Polarfront etwa auf 60 Grad nördlicher Breite. Im Winter rückt sie hingegen fünf Grad weiter nach Süden vor und liegt dann auf der Höhe von Mittelengland bzw. Südjütland. Die Zugbahn der Sturmtiefs verläuft also genau über der zentralen Nordsee. Die Sturmfluten treten tatsächlich häufiger nachts auf: Von Anfang November bis Ende Januar vergehen auf 53,5 Grad Nord zwischen Sonnenunter- und -aufgang zwischen 13,5 und 16,5 Stunden. Bis zu zwei Drittel des Tages ist es also dunkel. Daher entfallen auch 60 bis 70 Prozent aller Sturmfluten – die zwischen Tag und Nacht theoretisch gleich verteilt sind – auf die Nachtstunden.

Wie viel *Süßwasser* fließt in den Flüssen der Welt, wie viel Wasser in den Meeren?

Nicht alles Wasser auf dem Blauen Planeten ist genießbar. Von den 1386 Millionen Kubikkilometer Wasser auf der Erde ist nur ein verschwindend kleiner Teil Süßwasser – gerade etwa 3,46 Prozent. Der irische Dramatiker Brendan Behan bringt diesen Umstand auf den Punkt: »Wasser ist eine Flüssigkeit, die nicht zum Trinken da ist – sonst hätte Gott nicht so viel davon gesalzen.« Doch gleichmäßig verteilt, würden die 35 Millionen Kubikkilometer Süßwasser ausreichen, um die Erde mit einer 68 Meter hohen Wasserschicht zu bedecken. Aber: Mehr als zwei Drittel allen Süßwassers – gut 24 Millionen Kubikkilometer oder 48 Meter – liegen im ewigen Eis und Schnee der Polarkappen und Gletscher gefroren. Lediglich etwa 189000 Kubikkilometer davon plätschern in Seen und Flüssen – gerade noch

40 Zentimeter der hypothetischen Wasserschicht. Klägliche 2100 Kubikkilometer allen Wassers fließen durch die Flüsse der Welt. Doch selbst diese tragen noch mit einem Film von 0,4 Zentimetern zu unserer Wasserschicht bei. Die restlichen 10,8 Millionen Kubikkilometer teilen sich die Vorkommen an Süßwasser in Grundwasser, Bodenfeuchte, Atmosphäre und schließlich in Organismen, Letzteres mit winzig scheinenden 1,7 Prozent allen Wassers. Alles Süß- und Salzwasser zusammen könnte die Erde übrigens mit einer 2718 Meter dicken Schicht förmlich ertränken.

Wie kommt Süßwasser auf Inseln?

Ob auf Sylt, Mallorca oder Ibiza: Niemand tauscht während des Inselurlaubs gern Sonnen- gegen Regenschirme. Doch ohne Mistwetter wäre das Inselleben viel unangenehmer. Da Meeresinseln von Salzwasser umgeben sind, ist das Grundwasser einer Insel ebenfalls salzig. Doch wenn Regen und Schnee im Boden versickern, verdrängen sie das Meerwasser. Sie legen sich wie ein Fettauge auf das schwerere Salzwasser. Das liegt daran, dass ein Liter Süßwasser 25 Gramm weniger wiegt als ein Liter Meerwasser. Von der Seite betrachtet, erinnert die Form dieses Wasserdepots an eine Linse. Darum tauften Forscher es auch ***Süßwasserlinse***. Salz- und Süßwasser vermischen sich nur in der zwei bis drei Meter breiten Grenzschicht, der Rest der Linse birgt gutes Trinkwasser, oft besser als Quellwasser. Bei Sturmflut allerdings kann Meerwasser von oben ins Depot dringen und es versalzen. Auch der Mensch greift die Linse an: Pumpen wir zu viel aus der Tiefe oder versiegeln den Boden übermäßig, schrumpft die Linse, und das Süßwasser wird knapp. Wir können dann zwar immer noch das salzige Bad im Meer genießen, für die Dusche danach reicht das süße Nass indes nicht mehr.

T

Wie entstehen *Tafeleisberge*?

Wer je nah genug an einem dieser Ungetüme war, um seine Kälte zu spüren, wird dieses Erlebnis nie wieder vergessen: Majestätisch und erstaunlich farbenprächtig präsentieren sie sich dem Reisenden in polaren Gefilden. Tafeleisberge sind die Riesen unter den schwimmenden Märchengebilden. Zwar sind sie bisweilen auch in einigen Fjorden Grönlands und der kanadischen Arktis zu entdecken. Große Tafeleisberge entstehen jedoch nur in den etwa 15 Schelfeisregionen der Antarktis. Nur dort strömen die in Zehntausenden von Jahren auf mehrere hundert Meter Dicke angewachsenen Eismassen vom Kontinent ins flache Küstenmeer, dem Schelf. Da Eis spezifisch leichter ist als Meerwasser, schwimmen die mächtigen Eiszungen auf, sobald die Wassertiefen der Schelfmeere größer sind als die Dicke der Eisströme. Sie bilden dann sogenannte Schelfeise oder Schelfeistafeln. Diese heben und senken sich im Rhythmus der Gezeiten, beginnen an der Basis zu schmelzen und werden allmählich instabil. Manche dieser Eistafeln bewegen sich nahe der Schelfeiskante mit Geschwindigkeiten von bis zu drei Kilometern pro Jahr. Mancherorts begrenzen Inseln oder die Ufer von Meeresbuchten die seitlichen Ränder der Schelfeise. Unter solchen Voraussetzungen können die Eistafeln mehrere hundert Kilometer weit ins Meer fließen oder große Buchten bedecken. Sobald die Schelfeistafeln diese seitlichen Haltepunkte hinter sich lassen, werden sie deutlich instabiler. Risse an der Oberfläche sind die ersten Vorboten für die Geburt eines neuen Tafeleisbergs. Irgendwann haben Wind, Wetter und Gezeiten ihr Werk vollendet: das Schelfeis kalbt, und ein neuer Tafeleisberg driftet in das Südpolarmeer hinaus.

Welche ökologischen Auswirkungen kann der *Tiefseebergbau* mit sich bringen?

Wenn vom Meeresbergbau die Rede ist, geht es zumeist um Manganknollen und Kobaltkrusten, Erzschlämme, Phosphorite und Schwerminerale am Ozeangrund. In den 1970er Jahren hat sich in Deutschland die Bundesanstalt für Geowissenschaften und Rohstoffe (BGR) in Hannover mit dem Abbau insbesondere von Manganknollen befasst. Auf den Webseiten des BGR lässt sich nachlesen: »Manganknollen bilden sich auf dem Grund des Ozeans. Sie enthalten durchschnittlich einen Anteil von rund 25 Prozent Mangan, beigemengt sind aber auch rund 3 Prozent Kupfer, Nickel oder Kobalt. Diese Wertmetalle bilden eine bedeutende Rohstoffquelle für die Zukunft.« Ab 1975 untersuchten amerikanische und deutsche Wissenschaftler, wie sich bergbauliche Eingriffe auf die Unterwasserwelt der Ozeane auswirken. Zu diesem Zweck richteten sie östlich von Hawaii zwei Testgebiete ein. Wie nicht anders zu erwarten, verursachte der dort betriebene Bergbau gravierende ökologische Schäden. Zum einen wurden der

Meeresboden und die dort siedelnden Organismen durch Bergbaumaschinen und -fahrzeuge »zerwühlt, zerquetscht und umgelagert«, wie es in einer Begleitstudie heißt. Die Spuren blieben zudem lange Jahre nach der Gewinnung sichtbar. Ökologisch gravierender sind Trübungswolken: Sie entstehen am Meeresboden durch aufgewirbeltes Feinsediment und bedecken den Boden und die auf und in ihm lebenden Tiere. Da die Organismen in der Tiefsee an eine gleichbleibende Umwelt gewöhnt sind, ist dies ein tiefgreifender Einschnitt. Dazu kommen Trübungswolken an der Oberfläche durch die Einleitung von Bergbauabfällen. Sie verändern Lichtverhältnisse und Nahrungsangebot, aber auch die Chemie der produktivsten Schicht der Ozeane. Bevor es zu einem Abbau der Vorkommen kommen konnte, sanken in den 1980er Jahren die Weltmarktpreise. Die Vorkommen an Land waren und sind zurzeit noch mit weniger technischem und finanziellem Aufwand abzubauen. Trotzdem rücken die Vorkommen der Tiefsee wieder in den Mittelpunkt des Interesses. Im Jahr 2005 hat auch die BGR eine Lizenz zum Abbau von Manganknollen beantragt. Der Claim umfasst 75 000 Quadratkilometer, und die Lizenz gilt für 15 Jahre. Die Internationale Meeresbodenbehörde, die die Bodenschätze der Tiefsee im Auftrag der Vereinten Nationen verwaltet, hat diese im Juli 2006 erteilt. Für fünf weitere Gebiete haben China, Japan, Frankreich, Korea und Russland sowie ein internationales Konsortium Lizenzen erworben. Alle Claims liegen im sogenannten Manganknollen-Gürtel der sich im Pazifik nördlich des Äquators von Mexiko bis jenseits von Hawaii erstreckt. Bisher findet allerdings kein Abbau statt. Die BGR wird in den kommenden Jahren das Lizenzgebiet erkunden, um zu einer fundierten Einschätzung seiner Lagerstättenqualitäten zu gelangen. »Die erneute Aufnahme der Untersuchungen durch die BGR ist eine Maßnahme der strategischen Zukunftsvorsorge«, sagt Prof. Dr. Bernhard Stribrny, Präsident der BGR. »Durch die rechtzeitige Erkundung neuer, bislang nicht genutzter Rohstoffquellen wollen wir einen wichtigen Beitrag zur zukünftigen Rohstoffsicherung unseres Landes leisten.«

Nehmen *Tintenfische* Hilfe vom Menschen an?

Während ihres Urlaubs auf Mallorca wollte eine mare-Leserin einen scheinbar gestrandeten Tintenfisch in tieferes Wasser bugsieren und stellte fest, dass das Tier neben ihren Füßen herschwamm. »So legten wir etwa 20 Meter zurück«, berichtet sie, »wobei der Tintenfisch etwa alle zwei Meter seine Tentakel ausbreitete und diese wellenförmig bewegte. Als mir das Wasser über die Knie reichte, verabschiedete er sich mit einer Tintenwolke und schwamm in tiefes Wasser.« Der Hamburger Verhaltensbiologe Professor Jakob Parzefall schließt aus diesem Verhalten, dass sie es mit einem Oktopus zu tun hatte, der eigentlich in Felsspalten zu Hause ist. Er kann mit Hilfe seiner Tentakel geschickt laufen und schwimmt nur, wenn er sich gestört fühlt. »Vermutlich ist das Tier vor Frau Schiller geflohen und hat dabei Verschnaufpausen eingelegt; Schwimmen ist ihm eher unangenehm«, erklärt Parzefall. Auch die Tintenwolke, die normalerweise dem Schutz vor Feinden dient, spreche für eine Fluchtstimmung. Zwar handele es sich bei Kraken um recht intelligente Tiere. »Aber das Verhalten von Frau Schiller konnte der Oktopus sicher nicht als Hilfe verstehen. Dafür bietet sein artspezifisches Verhaltensrepertoire keine Anhaltspunkte.«

Wie gelangt das Treibholz von Sibirien an Islands Nordküsten?

»Es war im Herbst 1884, als ich zufällig im norwegischen *Morgenbladet* einen Artikel las, der davon handelte, dass an der Südwestküste Grönlands einige Gegenstände gefunden worden seien, die von der *Jeanette* stammen mussten«, schreibt Fritjof Nansen in dem Buch *Durch Nacht und Eis*. Die *Jeanette*, ein amerikanisches Expeditionsschiff, wurde 1879 vor der ostsibirischen Wrangel-Insel vom Eis eingeschlossen, driftete zu den Neusibirischen Inseln und sank dort am 12. Juni 1881. Nansen vermutete, dass die Wrackteile, die nur drei Jahre später an Grönlands Küsten strandeten, mit einer transpolaren Strömung dorthin verfrachtet worden seien. Nicht nur Wrackteile, auch Baumstämme und Messinstrumente treiben mit der ***Transpolardrift*** um den Nordpol. In den vergangenen Jahrzehnten wurden Hunderte Bojen für Driftexperimente im Arktischen Becken ausgesetzt. Durch regelmäßige Positionsangaben via Satellit ist die oberflächennahe Zirkulation im Nordpolarmeer bekannt, die von einem riesigen Wirbel bestimmt wird. Das vom Wind getriebene Wasser nimmt vor den sibirischen Küsten die Baumstämme auf, die von den großen Flüssen angeschwemmt werden. Der Transpolarstrom treibt die Stämme südwärts bis vor Spitzbergen, wo sie bei ruhiger See gesichtet werden. Sie stranden an den Nordküsten von Island und Spitzbergen, auf der Jan Mayen Insel und auf der Bäreninsel zwischen Nordkap und Spitzbergen.

Können *Tsunamis* auch durch den Klimawandel ausgelöst werden?

Es bedarf keines Erdbebens, um einen Tsunami auszulösen. Wasser und Methan, Hauptbestandteil von Erdgas, genügen. Bei bestimmten Druck- und Temperaturwerten verbinden sie sich am Meeresboden zu einer Art Eis, dem Gashydrat. Dabei bilden die Wassermoleküle einen »Käfig« für das Methan. Darin liegt das Methan nicht als Gas, sondern in fester Form vor. So kann ein Liter Methanhydrat 0,8 Liter Wasser und das feste Äquivalent von 164 Liter Methangas enthalten. Löst sich Gashydrat auf, öffnet sich der Käfig, und das Methan entweicht als Gas. Geschieht dies großflächig, kann es gefährlich werden. Gashydrate kommen besonders an den steilen Hängen zwischen den flachen Küstengewässern und der Tiefsee vor. Sie bilden den Zement, der die Hänge zusammenhält. Erwärmt sich das Wasser, zum Beispiel durch den Klimawandel, können Gashydrate schmelzen und schlagartig einen festen Hang in eine gewaltige Schlammlawine verwandeln. Diese verdrängt, ähnlich wie ein Erdbeben, das Wasser so schnell, dass ein Tsunami entstehen kann. Geschehen ist dies auch in unserer Nähe schon, wie an Norwegens Küste vor etwa 8000 Jahren. Und 2004 auch in Deutschland – aber zum Glück nur fiktional: in Frank Schätzings Roman *Der Schwarm*.

Können *Tsunami-Wellen* tatsächlich bis zu 1000 Stundenkilometer schnell werden?

Der Begriff »Tsunami« stammt aus dem Japanischen und bedeutet »Hafenwelle« – da die Fischer auf See kaum eine Welle gespürt hatten, die Häfen jedoch bei ihrer Rückkehr völlig vernichtet vorfanden. Die Wellen entstehen im offenen Ozean. Sie werden vor allem durch unterseeische Erdbeben ausgelöst, aber auch durch Rutschungen an Kontinentalhängen oder Vulkaneruptionen am Meeresgrund. Im Gegensatz zu Windwellen, die eine Länge bis zu 150 Metern von Wellenkamm zu Wellenkamm haben, weisen Tsunamis

Wellenlängen von 100 bis 200 Kilometern auf. Da die Energieverluste einer Welle mit zunehmender Länge abnehmen, können Tsunamis riesige Distanzen zurücklegen. Die Geschwindigkeit, mit der Tsunamis durch das Meer jagen, hängt von der Wassertiefe ab. Für den Pazifik, der eine durchschnittliche Wassertiefe von 4200 Metern hat, ergeben sich Spitzengeschwindigkeiten von 750 Kilometern in der Stunde. Da Tsunamis auf dem offenen Ozean kaum einen halben Meter Höhe erreichen, werden sie von Schiffsbesatzungen meist nicht bemerkt. Erst in Küstennähe entstehen die gefürchteten Monsterwellen: Die Tsunamis werden durch die zunehmende Bodenreibung abgebremst – ihre Wellenlänge schrumpft, die Energie jedoch bleibt gleich. Die Wellen werden praktisch zusammengeschoben und wachsen schnell bis zu 30 Meter Höhe an – mit furchtbaren Folgen. Der Tsunami, der Weihnachten 2004 Südostasien heimsuchte, riss über 230 000 Menschen in den Tod.

U

Im 16. bis 18. Jahrhundert führten englische Schiffe neben dem *Union Jack* eine Flagge mit rotem Kreuz auf weißem Grund. Hat diese Kennung etwas mit dem irischen *St.-Patrick-Kreuz* zu tun?

Ja. Das die Zentralachsen dominierende rote Kreuz ist das des englischen Schutzpatrons St. Georg; das diagonal verlaufende weiße Kreuz ist St. Andrew, dem schottischen Schutzheiligen, zugeordnet. Das ebenfalls diagonale rote Kreuz wird St.-Patricks-Kreuz genannt. Tatsächlich handelt es sich dabei jedoch um das Kreuz der Geraldines, einer seinerzeit sehr mächtigen irischen Familie. Diese Flagge wie auch der Begriff »Union Jack« selbst bezieht sich auf die am 1. Januar 1801 vollzogene Vereinigung Englands und Schottlands mit Irland. Unter »Jack« ist der auf dem Vordeck eines Schiffes gehisste Stander zu verstehen. So gesehen steht der Union Jack für den politischen Willen der drei Mitglieder des Vereinigten Königreichs, fortan unter gemeinsamer Flagge zu segeln.

Stimmt es, dass Schiffbrüchige auf Rettungsinseln sterben, weil sie keinen *Urin* lassen können und ihre Blase platzt?

»Von diesem Problem habe ich noch nie gehört«, erklärt Wolfgang Baumeier, auf Seenotfälle spezialisierter Notarzt. »Ich sehe keinerlei Gründe, die erklären, dass Schiffbrüchige nicht in der Lage sein sollten, Wasser zu lassen«, sagt der Mediziner, der die Deutsche Gesellschaft zur Rettung Schiffbrüchiger in medizinischen Fragen berät. Im Gegenteil: Weil sie oftmals auskühlen, müssen sie häufiger urinieren. Denn um Wärme zu bewahren, schließt der Körper nach und nach die äußeren Blutgefäße. Im Extremfall schneidet er selbst Arme und Beine von der Blutzufuhr ab. Der Lebenssaft konzentriert sich dann im Rumpfbereich, wo der Flüssigkeitsdruck steigt. Um diesen Druck zu senken, gibt der Körper Urin ab. Dabei gilt: Je stärker ein Schiffbrüchiger auskühlt, desto mehr Wasser verliert er. Im Extremfall kann dies bei der Bergung tödliche Folgen haben. Ist nicht mehr genügend Flüssigkeit im Körper, um den gesamten Körper mit Blut zu versorgen, kann der Kreislauf zusammenbrechen, wenn der Körper aus dem Liegen aufgerichtet wird.

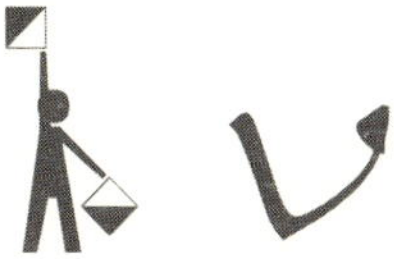

Stimmt es, dass es bei Delfinen und anderen Tieren zu *Vergewaltigungen* kommt?

Der Begriff Vergewaltigung ist von menschlicher Moral geprägt. Eindeutig belegt zu sein scheint jedoch, dass es auch im Tierreich Arten gibt, zu deren Fortpflanzungsstrategien das Erzwingen von Geschlechtsverkehr mit Gewalt und gegen den Willen des Partners gehört. Dahinter steht das Bedürfnis der Männchen, ihre Gene möglichst oft weiterzugeben. Berüchtigt dafür sind vor allem Stockentenerpel in städtischer Umgebung. So harmlos sie wirken, so brutal kann es zugehen, wenn Erpel eine Ente jagen und bei der Kopulation unter Wasser drücken. Häufig ertrinken die Enten dabei, sodass das Geschlechterverhältnis immer ungünstiger wird. Delfine gehen noch weiter: Zwei bis drei Männchen bilden eine sogenannte Koalition und trennen ein Weibchen von seiner Gruppe, um mit ihr zu kopulieren. Dabei geht es sehr rau zu, ernsthafte Verletzungen sind aber wohl selten. Typischerweise entführen die Männchen ein gebärfähiges, nicht trächtiges Weibchen, sodass es zumeist um Fortpflanzung geht. Anscheinend genießen Delfine Sex aber auch um des Sex willen. Denn Weibchen wie Männchen initiieren sexuelle Akte, die sich nicht auf Fortpflanzung richten.

Die Ozeane nehmen immer mehr Kohlendioxid auf. Welche Auswirkungen hat das?

Lange Jahre fehlte den Wissenschaftlern Kohlendioxid, wenn sie die Bilanz von Ausstoß und Konzentrationsanstieg in der Atmosphäre verglichen. Dann stellte sich heraus, die Ozeane nehmen einen Großteil des vom Menschen ausgestoßenen Kohlendioxid auf. So weit die gute Nachricht. Leider ist das Kohlendioxid im Meer chemisch aktiv. Es verbindet sich mit dem Wasser zu Kohlensäure und übersäuert so die Ozeane. Normalerweise liegt der Säurewert des Meerwassers, der so genannte pH-Wert bei 8,2. Doch der pH-Wert des Oberflächenwassers ist jetzt schon auf einen Mittelwert von 8,1 gesunken. Forscher weltweit fürchten, dass bei unverändertem Ausstoß von Kohlendioxid der pH bis 2100 insgesamt um 0,5 sinken könnte. Das wäre eine Änderung um den Faktor 3, da es sich um eine logarithmische Skala handelt. Ein pH von 7,7 wäre der niedrigste Wert seit etwa 20 Millionen Jahren. Doch das größte Problem ist die Geschwindigkeit, mit der dies geschieht. Sie liegt etwa 1000-mal höher als jemals zuvor. Das lässt den Organismen keine Zeit, sich auf die veränderten Bedingungen einzustellen. Das ist die schlechte Nachricht. Denn der pH-Wert beeinflusst direkt die Fähigkeit von Meeresorganismen, ihr Kalkskelett aufzubauen. Und das betrifft Seeigel, Schnecken, Muscheln, Korallen, Krebse und vor allem auch Planktonorganismen. Winzige Algen und Tiere, die in der obersten Schicht des Wassers leben und eine ähnliche Stellung haben wie Pflanzen an Land. Sie stehen ganz am Anfang der Nahrungskette.

Versuche, in denen solche Organismen den prognostizierten Kohlendioxidgehalten im Wasser ausgesetzt wurden, sind ernüchternd: Die Kalkalgen sind verkümmert, Muschellarven verschwinden. Im Mai 2006 nahm der Wissenschaftliche Beirat der Bundesregierung/Globale Umweltveränderungen daher in einem Sondergutachten Stellung zu diesem Thema. Die Gutachter definierten u. a. Messwerte, deren Unter- bzw. Überschreitung ernste Folgen für das Gesamtsystem Ozean hätte. »Der Beirat nimmt kein Blatt vor den Mund: Zum ersten Mal wird hier die zweifache Bedrohung durch den übermäßigen Kohlendioxidausstoß, nämlich der Treibhauseffekt und die ***Versauerung der Ozeane***, aufeinander bezogen«, so Professor Ulf Riebesell vom Leibniz Institut für Meereswissenschaften der Universität Kiel, über den Bericht.

Wie kann ein Vogel im Wind stehen?

Die gewölbten Profile von Vogelflügel, Flugzeugtragfläche und Schiffssegel ähneln sich sehr, denn dahinter steht dasselbe Prinzip. Die dickere Vorderkante verlängert den Weg, den die an der Außenseite fließenden Luftmoleküle zurücklegen müssen. Sie benötigen also mehr Zeit, um den Flügel zu passieren, als die auf der Unterseite fließenden Moleküle. So entsteht auf der Oberseite ein Unterdruck. Dieser Unterdruck saugt den Flügel, die Tragfläche oder das Segel mehr oder weniger in die Richtung, aus der der Wind kommt. Ein Vogel kann den Winkel, den die Vorderkante seines Flügels zum Wind einnimmt, verändern. Daher kann er mit leichten Ausgleichsbewegungen im Wind stehen. Bei solchem ***Vogelflug*** gleicht der Unterdruck an der Flügeloberseite die Schwerkraft aus. Schiffe können mit demselben Prinzip den Wind nutzen, um gegen den Wind zu segeln, ohne Energie aufzuwenden. Dabei erreichen sie höchstens einen Winkel von etwa 40 Grad zur Windrichtung. Durch die Bootsgeschwindigkeit hat der Segler das Gefühl, einen Winkel von circa 30 Grad halten zu können. Dieses Phänomen wird Scheinwind genannt.

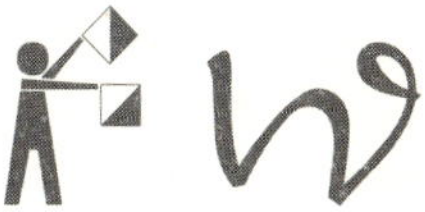

Warum stranden so viele Wale vor Australien?

Die meisten der in Australien registrierten ***Walstrandungen*** ereignen sich in der Region zwischen Circular Head und Macquarie Harbour auf der Insel Tasmanien. Am häufigsten stranden Zwergglattwale, gewöhnliche Delfine, Pott- und Grindwale; Letztere häufig gruppenweise. So 1992, als 198 Grindwale nahe der Ortschaft Bicheno in Not gerieten. Die meisten Strandungen werden in den Sommermonaten beobachtet. Ob dies mit zunehmenden Störungen durch den Tourismus oder den Lebensgewohnheiten der Tiere zusammenhängt, ist unklar. Weitgehend ungeklärt ist auch, warum die Meeressäuger überhaupt stranden. Während die Römer noch glaubten, Walstrandungen seien eine Strafe des Meeresgottes Neptun, werden heute andere Aspekte diskutiert. Hin und wieder kommt es vor, dass sterbende oder kurz zuvor gestorbene Wale durch Strömungen auf den Strand befördert werden. Bei etlichen der gestrandeten Wale wurde eine Infektion des Innenohrs diagnostiziert, die die auf akustische Signale basierenden Navigationskünste der Tiere beeinträchtigt haben könnte. Forscher haben jüngst herausgefunden, dass einige der Gebiete, in denen es zu auffällig vielen Walstrandungen kommt, sich darin gleichen, dass dort die Linien des Erdmagnetfeldes direkt auf die Küste zulaufen. Da Wale sich vermutlich anhand des Magnetfeldes orientieren, kann es sein, dass diese Linien sie direkt ins Verderben führen. Das Magnetfeld verändert sich langsam, aber ständig, sodass ehemals sichere Wanderrouten nun in den sicheren Tod führen können. Es kommt auch vor, dass Grindwale bei rauer See küstennahe, ruhigere Flachwasserzonen aufsuchen. Wenn ein einzelnes Tier dann aufläuft und »Hilferufe« absetzt, kann dies die ganze Schule ins Verderben treiben, da die sozial veranlagten Artgenossen versuchen, in Kontakt mit dem Opfer zu bleiben. Helfen kann man nur, indem man möglichst schnell das Leittier findet und dieses in tieferes Wasser schleppt. Ansonsten versuchen bereits gerettete Tiere immer wieder zu ihrem auf dem Strand liegenden Leittier zurückzugelangen. Zudem scheinen Wale bisweilen Ortungsschwierigkeiten zu bekommen, wenn der Meeresboden sehr sanft zum Ufer hin ansteigt. Die auffällig häufigen Pottwalstrandungen in der Nordsee wiederum werden damit erklärt, dass die Lärmverschmutzung durch Ölbohrplattformen, Rohstoffsuche und Schiffsverkehr das akustische Orientierungsvermögen der Wale stört. Sind Pottwalmännchen auf ihrem Weg von den reichen Fanggründen Norwegens einmal falsch in die Nordsee abgebogen, finden sie oft den Weg nicht mehr hinaus. Sie sind reine Tiefseetiere, deren Schallortungssinn die weichen Sedimente des flachen Wattenmeeres nicht als Gefahr ausweist. Daher schwimmen sie häufig im Glauben, sich in sicheren, tiefen Gewässern zu befinden, geradewegs in ihr Verderben. Schließlich können Wale verwirrt sein, wenn sie in Buchten gelangen, die nur über einen engen Kanal mit dem offenen Meer verbunden sind. Angesichts der scheinbaren Ausweglosigkeit geraten die Tiere in Panik und stranden. Beobachtungen und Auswertungen tasmanischer Naturschützer legen die Vermutung nahe, dass meist eine Kombination der genannten Faktoren für einzelne Walstrandungen verantwortlich ist. Nur eins scheint sicher: dass Wale Selbstmord begehen, gehört in die Rubrik Seemannsgarn.

Haben Pinguine Probleme mit kalten Füßen?

Pinguine haben in der Tat kalte Füße. Das ist aber kein Problem – im Gegenteil: Warme Füße trotz eisiger Temperaturen könnten Pinguinen – und anderen Vögeln – sogar zum Verhängnis werden, da sie das Eis schmelzen würden. Ähnlich einer feuchten Zunge am Eiszapfen, könnten die Füße dann festfrieren und der Vogel wäre gefangen. Zudem wäre der Wärmeverlust enorm. Doch zum Glück gibt es ja das geniale ***Wärmetauscher-Prinzip***: Statt einiger großer Adern fließt das warme Blut vom Körper durch viele kleine Äderchen in die Füße. Diese Äderchen laufen sehr dicht an den kleinen Venen vorbei, die das kalte Blut aus den Füßen zurücktransportieren. So gibt das warme Blut auf dem Weg in die Füße seine Energie direkt an das kalte, zurückkehrende Blut ab. Die Wärme nimmt sozusagen eine Abkürzung und kehrt direkt in den Körper zurück. Die Temperatur nimmt daher zu den Füßen hin drastisch ab. Besondere Proteine und Fettpolster in den Füßen sorgen dafür, dass diese trotz geringer Temperatur ihren Job erfüllen können. Als weitere Sparmaßnahme ziehen Möwen häufig ein Bein ins Gefieder. Pinguine können das zwar nicht, aber um möglichst wenig Wärme zu verlieren, balancieren sie tagelang auf den Hacken.

Weshalb sind Wasserflächen nachts ruhiger als tagsüber?

Die Sonne versorgt uns mit Energie. Ihr Licht und ihre Wärme lassen Pflanzen wachsen, Winde wehen und bewegen Meere. Sie ruft Druckunterschiede in der Atmosphäre hervor, die Luft von Orten hohen Drucks zu Orten niedrigen Drucks fließen lassen: Wind kommt auf. Neben großräumigen und langfristigen Windsystemen wie den Passaten reagiert die Luft auch auf schnelle lokale Veränderungen, etwa wenn sich eine Wolke vor die Sonne schiebt. Welchen Unterschied das macht, spüren wir alle auf der Haut. Auch die Tatsache, dass sich das Land schneller erwärmt als das Wasser, bewegt die Luft und damit das Wasser: Über dem Land steigt warme und somit leichte Luft auf. Von See oder großen Wasserflächen strömt Luft nach. In der Nacht kehrt sich der Effekt ins Gegenteil: Dann weht der Wind in Richtung des Wasser, da sich dieses langsamer abkühlt als die Erde. Dieser ablandige Wind ist schwächer als auflandiger und durch Küstenabdeckung weniger wahrnehmbar. So wehen die Winde nachts schwächer – und die ***Wasserbewegung*** nimmt ab.

Nach dem Schwimmen muss ich fast immer sofort meine Blase entleeren. Welche Ursache hat das?

Das ***Wasserlassen*** nach dem Schwimmen ist ein komplexes Phänomen. Die Vermutung, dass Wassertemperatur oder -druck die Nierenfunktion anregt, liegt auf der Hand. Der Bremer Urologe Klaus-Hennig Kaufmann belehrte uns eines Besseren und klärte uns über den Gauer-Henry-Reflex auf. Er wird über Dehnungsrezeptoren in den Herzvorkammern gesteuert. Im Schwimmbad, ja selbst in der Badewanne wird der Druck erhöht. Denn: Die Haut kühlt ab, die Blutgefäße ziehen sich zusammen, und das Blut konzentriert sich im Rumpf. Vor allem in den Beinen zirkulierendes Blut wird zur Körpermitte gelenkt. Der so erhöhte Druck signalisiert dem Körper, dass sein Flüssigkeitsvolumen den »zulässigen Pegel« überschritten hat. Folge: In der Hirnanhangsdrüse wird die Produktion des Anti-Diuretischen Hormons gedrosselt. Dadurch bildet die Niere mehr Harn, der Pegel normalisiert sich. Mediziner der Österreichischen Gesellschaft für Weltraummedizin, die sich mit dem Flüssigkeitshaushalt des Menschen beschäftigen, haben herausgefunden, dass weitere, bislang noch unbekannte Mechanismen an diesem Prozess beteiligt sein müssen. Diese werden derzeit weiter erforscht.

Wie viel Wasser ist im Meer?

Eine Milliarde dreihundertsiebzig Millionen dreihundertdreiundzwanzig Tausend Kubikkilometer – diese völlig unvorstellbare ***Wassermasse*** ist in den Weltmeeren gespeichert. Knapp 1,4 Milliarden Kubikkilometer also. Wäre die Erde eine Scheibe, würden die Salzwassermassen – eine gleichmäßige Verteilung vorausgesetzt – eine 2686 Meter dicke Schicht ergeben. Würde man das auf den Kontinenten und in der Atmosphäre zirkulierende Süßwasser hinzurechnen, stiege der Wasserspiegel noch einmal um mehr als 60 Meter. Da aber nicht 100, sondern nur gut 70 Prozent der Erdoberfläche mit Meerwasser bedeckt sind, ist der Weltozean im Mittel 3729 Meter tief. Während der durchschnittlich 3332 Meter tiefe Atlantik rund 355 Millionen Kubikkilometer Salzwasser enthält, hat der im Mittel 4028 Meter tiefe Pazifik ein mehr als doppelt so großes Salzwasservolumen. Randmeere wie etwa die Ostsee fallen dagegen kaum ins Gewicht: Das bis zu 459 Meter tiefe

Mare Balticum enthält nur mickrige 21 631 Kubikkilometer Wasser. Interessant ist, dass nicht alles Salzwasser frei in den Ozeanen strömt. Ein bis zwei Prozent des globalen Meerwassers zirkulieren ständig durch die Ozeankruste. An mittelozeanischen Rücken und in anderen vulkanisch geprägten Regionen wird dieses Wasser auf mehrere hundert Grad aufgeheizt, ehe es, zum Beispiel durch Schwarze Raucher, wieder in den freien Ozean zurückströmt.

Welches ist die meistbefahrene *Wasserstraße* der Welt?

In der Segler- und Schifffahrtsliteratur ist die Wendung von der »meistbefahrenen Wasserstraße der Welt« häufig zu finden. Damit ist mal der Ärmelkanal, mal die Straße von Gibraltar gemeint, dann wieder die Malakka-Straße zwischen Malaysia und der indonesischen Insel Sumatra, die wegen häufiger Piratenüberfälle berüchtigt ist. Tatsächlich ist nicht zu entscheiden, welcher dieser natürlichen Seewege der meistbefahrene ist. Statistiken werden nur für künstliche Wasserstraßen und für Häfen geführt.
Die Wasser- und Schifffahrtsdirektion Nord half uns mit folgenden Zahlen für das Jahr 2005. Der Nord-Ostsee-Kanal liegt mit 42 552 Schiffspassagen pro Jahr an erster Stelle. Den zweiten und dritten Rang belegen der Suezkanal mit 18 193 bzw. der Panamakanal mit 12 647 Schiffen. Legt man allerdings die Tonnage zugrunde, so sieht das Ganze ganz anders aus. Dort führt ganz klar der Suezkanal mit 671,8 Millionen Tonnen vor dem Panamakanal mit 278,3 Millionen Tonnen und dem Nord-Ostsee-Kanal mit nur 88,2 Millionen Tonnen. Dies liegt an den unterschiedlichen Schiffsgrößen, die die Kanäle benutzen können. Der Suezkanal besitzt keine Schleusen – die Schiffe sind nur durch den Tiefgang (knapp 19 Meter) und eine maximale

Tonnage beschränkt. Der Panamakanal ist mit maximalen Schiffs-Maßen von 294 Metern Länge und 12 Metern Tiefgang für 60% aller Handelsschiffe unpassierbar. Den Nord-Ostsee-Kanal können hingegen nur Schiffe von maximal 235 Meter Länge passieren. Bei einem Tiefgang von 9,50 dürfen sie sogar nur 160 Meter lang sein. Was die natürlichen Seewege angeht, scheint die Malakka-Straße, die wichtigste Verbindung zwischen dem Indischen Ozean und dem Südchinesischen Meer, tatsächlich die meistbefahrene zu sein. Hafenstatistiken bieten dafür gute Indikatoren. Am südöstlichen Ausgang der Wasserstraße liegt mit Singapur der nach Umschlag zweitgrößte Hafen der Welt. Allein 2006 wurden hier rund 448 Millionen Tonnen Güter umgeschlagen, von denen sicherlich ein guter Teil durch die Malakka-Straße transportiert wurde.

Woher kommt das *Wasser in den Ozeanen*, und wie ist es entstanden?

Als unsere Erde noch als glühende Masse durch die Weiten des Weltraums jagte und die Temperatur der Erdkruste bei etwa 600 Grad Celsius lag, waren alle flüchtigen Gase in die frühe Atmosphäre entwichen. Die atmosphärischen Anteile von Wasserdampf, Kohlendioxid und Salzsäure betrugen etwa 20:3:1. Was geschah, als die Erde abkühlte, ist nicht leicht zu rekonstruieren. Denkbar ist folgendes Szenario: Als die Temperatur an der Erdoberfläche unter die 100-Grad-Marke fiel, kondensierte ein großer Teil des Wasserdampfs. Erste, fast kochend heiße Ozeane bedeckten unseren Planeten. Möglicherweise wurde aber auch bei etwa 400 Grad Celsius der Wasserdampf in bestimmten Mineralien wie Pyroxen oder Olivin gebunden und so aus der Atmosphäre entfernt. Kein Wasser weit und breit, dazu eine stark kohlendioxidhaltige Atmosphäre – die Erdoberfläche von damals könnte so ausgesehen haben wie die der heutigen Venus. Geologisch gesehen hätte es allerdings auch in dieser Variante nicht lange gedauert, bis sich nach Abkühlung der Erdoberfläche unter 100 Grad Celsius erste Ozeane gebildet hätten. Hinweise auf Bakterien und Algen in alten Gesteinsschichten belegen, dass dies vor mehr als drei Milliarden Jahren passierte.

Gibt es das *Wattenmeer* nur bei uns oder auch woanders?

Wattenmeere gibt es nicht nur an der Nordsee. Zwar ist es aufgrund seiner schieren Größe weltweit Spitze. Aber die Behauptung von Umweltschützern, das 9300 Quadratkilometer große und wegen seines Artenreichtums teilweise streng geschützte Gebiet sei einmalig, trifft nur auf seine schiere Ausdehnung zu, immerhin ist es fast viermal so groß wie das zweitgrößte Watt der Welt. Wattgebiete und wattartige Strukturen sind weltweit an vielen Küsten anzutreffen: Im westafrikanischen Mauretanien ebenso wie im südostasiatischen Bangladesh; auch in Australien und an den durch viele Inseln und Kaps geprägten Küsten Südkoreas findet sich dieser Landschaftstypus. Das südkoreanische Wattenmeer, das zweitgrößte der Welt, erstreckt sich über etwa 2800 Quadratkilometer und gleicht verblüffend unserem Watt. Auf und in den nährstoffreichen koreanischen Sand-, Schlick- und Mischwatten finden Myriaden von Wattwürmern, Muscheln, Krebsen und vermutlich mehr als 250 Kieselalgenarten ein Auskommen. Das reichhaltige Nahrungsangebot zieht große Vogelscharen an. Seit den 60er Jahren wurden in Korea allerdings fast 1600 Quadratkilometer Wattfläche eingedeicht und weitere Eingriffe sind in Aussicht gestellt. Das Watt bietet Zehntausenden Fischersfamilien ein Auskommen, dessen Grundlage damit bedroht ist.

Wie kann eine Einzelwelle andere Wellen überholen? Warum beträgt die Reisegeschwindigkeit einer Wellengruppe nur die Hälfte der einer Einzelwelle?

Die ***Geschwindigkeit einer Welle*** hängt nur von ihrer Länge ab. Daher können Wellen mit unterschiedlicher Wellenlänge einander überholen. Die langen, schnelleren Wellen überholen die kürzeren, langsameren Wellen. Sind die Wellen am selben Ort entstanden, laufen sie also auseinander; ein Phänomen, das Ozeanographen als Dispersion bezeichnen. Es gibt aber auch das Gegenteil: Wellen, die dieselbe oder fast genau dieselbe Geschwindigkeit haben, schließen sich zu Gruppen zusammen. Dabei kommt es zu dem Phänomen, das Scott Russell 1844 als Erster bemerkte. Einzelne Wellen durchlaufen die Gruppe von hinten nach vorne und scheinen zu erlöschen, wenn sie den Anfang der Gruppe erreicht haben. Die Wellen sind an die Energie der Gruppe gekoppelt. Daher können sie zwar von hinten nach vorne durch die Gruppe laufen, aber sich nicht von der Gruppe lösen. Sie leihen sich beim Durchlaufen sozusagen Energie von den anderen Wellen, um größer und schneller zu werden. Wenn sie den Anfang der Gruppe erreicht haben, werden sie abgestoppt bzw. scheinen sich hinter der Gruppe wieder neu zu bilden, um das Spiel von vorne zu spielen. Natürlich gibt es zu jeder Regel eine Ausnahme. Beim Wellengekräusel auf dem Teich nebenan, den sogenannten Kapillarwellen, gilt: Die Wellengruppe ist eineinhalbmal so schnell wie die Einzelwellen.

Warum scheinen Wellen in bestimmten Intervallen, wie etwa jede siebte, besonders hoch und kräftig zu sein?

In seinem Roman *Papillon* schildert der ehemalige Strafgefangene Henri Charrière, wie er von der Teufelsinsel vor der Küste Französisch-Guyanas flieht, die von starker Brandung umtost wird. Wochenlang beobachtet er die Wellen und bemerkt, dass jede siebte Welle höher ist als die anderen. »Lisette« tauft er die Welle, die sein Kokosnussfloß beim Ablaufen auf See hinausziehen soll. Es funktioniert. Aber die reale Welt ist chaotischer. Statistisch gibt es den Begriff der »kennzeichnenden Wellenhöhe«. Dieser beschreibende Wert für Seegang errechnet sich, indem man zunächst alle Wellenhöhen misst. Die Daten sortiert man dann nach Höhe. Aus dem oberen Drittel bildet man das Mittel – also bei 100 Wellen aus den höchsten 33. Statistisch gesehen sind so 13,5 Prozent – oder etwa jede siebte Welle – höher als dieser Wert, wenn auch meist nicht viel. Eine von 100 Wellen erreicht rein rechnerisch das 1,5fache der kennzeichnenden Wellenhöhe. Und unter 10 000 Wellen findet sich statistisch ein sogenannter Kaventsmann, der sich sogar 2,15-fach so hoch auftürmen kann. Doch wann diese Wellen kommen, ist nicht zu berechnen – auch wenn die ***Wellenstatistik*** besagt, dass es etwa alle 27 Stunden eine ist. Dass Charrière eine solche unnatürliche Regelmäßigkeit beschreibt, mag darin begründet sein, dass er viele der Abenteuer nicht selbst erlebt hat, sondern Phantasie, Halbwissen und die Erzählungen von Mitgefangenen vermischte.

Wie schnell steigt der *Wellenwiderstand* bei Schiffen?

Schnelle, sparsame Schiffe zu bauen ist eine Herausforderung für Konstrukteure, denn jedes Schiff erzeugt Wellen.

Je schneller es fährt, umso länger werden die Wellen. Mit der Länge steigt aber auch der Widerstand, den sie dem Schiff entgegensetzen. Allerdings nimmt der Wellenwiderstand nicht stetig oder regelmäßig zu. Grob gesehen, steigt er aber schneller als alle anderen Wasserwiderstände. Sind die vom Schiff erzeugten Wellen so lang wie das Schiff selbst, fährt es sozusagen bergauf: Sein Heck hängt im Wellental, während der Bug auf die eigene Welle fährt. Jetzt ist die Rumpfgeschwindigkeit erreicht. Ihr Wert in Knoten lässt sich errechnen, indem man die Wurzel aus der Länge der Wasserlinie zieht und mit 2,43 multipliziert. Soll das Schiff schneller fahren, muss es seine Bugwelle erklimmen und auf ihr gleiten. Doch quasi schneller als die eigene Bugwelle zu sein, das können nur wenige Schiffe. Neben Länge und Geschwindigkeit spielt die Rumpfform eine große Rolle für den Wellenwiderstand. Die Zusammenhänge sind so komplex, dass für jeden neuen Rumpf Modellversuche im Schleppkanal nötig sind. Eine einfache Formel für Wellenwiderstand und Tempo gibt es nicht.

Beeinflusst das Nordseewasser den Salzgehalt des *Weserwassers* bei Bremen?

Der Meerwassersalzgehalt beträgt durchschnittlich 34,7 Promille, also 3,47 Gramm Salz je Kilogramm Wasser. In Flussmündungen wie dem Weserästuar entstehen durch Vermischung von salzigem See- und süßem Flusswasser mehr oder weniger ausgedehnte Brackwasserzonen. Diese ändern ihre Lage im Lauf des Jahres je nach Tiden, Windstärke und -richtung sowie der Menge des abfließenden Weserwassers bis etwa 40 Kilometer. Brackwasser enthält definitionsgemäß zwischen 0,5 und 25 Promille. In der Regel reicht der Einfluss des Nordseewassers, das mit jeder Flut weseraufwärts strömt, nur etwa bis Esenshamm, rund 50 Kilometer nördlich von Bremen. Bei Springflut dringt das Salzwasser gelegentlich etwa zehn Kilometer weiter stromauf bis nach Brake und zur Huntemündung vor. Nur bei extremen Sturmfluten gelangt Nordseewasser bis vor die Tore Bremens.

Es gibt die Nordsee, die Südsee und die Ostsee. Gibt es auch eine *Westsee?*

»De Westsee is us wohlbekannt. Dahin wöll'n wi nu fahren.« So heißt es im Störtebeker-Lied über die Kaperzüge des bekanntesten Piraten seiner Zeit. Denn Ende des 14. Jahrhunderts verlegte der Freibeuter seinen Sitz von der Ostsee nach Westen. Westsee hieß bei den Friesen die See im Westen Schleswig-Holsteins. Erst als der Einfluss der Hanse auf die Namensgebung bei Seekarten wuchs, setzte sich »Nordsee« durch. Sprachlich gesehen stammen die Namen Nord-, Ost- und Südsee aus dem Mittelhochdeutschen. Sie spiegeln den geographischen Bezug zwischen Hansestädten und den benannten Meeren wider. Im Mittelalter glaubte man, dass die Ostsee Richtung Osten offen sei, und für die Nordsee nahm man an, sie sei nach Norden offen, denn den Weg nach Westen versperrte ja Großbritannien. Vage Annahmen galten später auch für die Südsee, die man bis in die Neuzeit hauptsächlich aus Erzählungen kannte. Es wundert übrigens nicht, dass unsere Nordsee im Dänischen noch heute Vesterhavet, also Westsee heißt. Auch die Esten haben eine Westsee: unsere Ostsee nämlich. Es kommt wohl auch darauf an, wo man steht, wenn man etwas beim Namen nennt.

Wird bei auflandigem *Wind* das Wasser wärmer oder kälter?

»Als Faustregel gilt, dass Wasser in Küstennähe bei ablandigem Wind kühler ist als bei auflandigem Wind«, erklärt der Meteorologe Thomas Schmidt vom Deutschen Wetterdienst. Ablandiger Wind weht vom Land zum Meer und schiebt dabei die oberste Wasserschicht, die normalerweise am wärmsten ist, vor sich her. Zum Ausgleich drängt von unten kälteres Wasser nach, und die Wassertemperatur sinkt. Bei Windstille heizt die Sonne – wenn sie denn scheint – die Wasseroberfläche stark auf. Aber schon in hüfthohem Wasser ist es an den Füßen mitunter empfindlich kühl. Denn ohne Wind mischen sich die kühlen Schichten unten nicht mit den warmen darüber. Bei auflandigem Wind ist das Wasser wärmer, da kein kaltes Wasser von unten aufsteigt. Außerdem schiebt er das von der Sonne erwärmte Oberflächenwasser zur Küste und wirbelt die Wasserschichten durcheinander. So werden auch die Fußregionen angenehm temperiert. Je mehr warmes Wasser der auflandige Wind an den Strand verfrachtet, umso weniger kühlt das Nass über Nacht natürlich aus. So treibt die Sonne das Thermometer am nächsten Tag noch höher. Zum Bedauern der Strandbesucher ist jedoch der Kühleffekt von ablandigem Wind wesentlich stärker als der wärmende Einfluss des auflandigen Windes.

In der oberen Adria bilden sich häufig *Windhosen*. Sind sie für Boote gefährlich?

»In einem kleinen Badeort nördlich von Venedig hat eine Windhose gewütet. Etwa 40 Menschen wurden verletzt, zahlreiche Boote versenkt und viele Bäume entwurzelt.« So beschrieb im Juli 1997 die Presse die typischen Schäden jener örtlich auftretenden Wirbelwinde, die von Meteorologen als Tromben bezeichnet werden. Sie treten als meterhohe »Staubteufelchen« auf, die sich wegen starker Überhitzung vom Boden ablösen und Staub aufwirbeln. Größere Tromben von etwa ein- bis zweihundert Metern Durchmesser wachsen dagegen schlauch- oder trichterförmig aus der Wolkendecke heraus nach unten und erreichen Windgeschwindigkeiten von 180 bis 360 Stundenkilometern. Zum Vergleich: Ein Orkan beginnt bei etwa 120 Stundenkilometern. Wenn der Windhose, der kleinen Schwester der Wirbelstürme und Tornados, nach zehn bis dreißig Minuten die Puste ausgeht, kann der Schaden beträchtlich sein. Auf hoher See können Sportboote und Segelyachten von Wind und Wellen zum Kentern gebracht werden. Allerdings müssen Segelyachten im Bereich der Europäischen Union seit einigen Jahren in der Regel so gebaut sein, dass sie sich auch dann von selbst wieder aufrichten, wenn der Mast bereits unter Wasser gedrückt wurde. Ob adriatische Freizeitsegler bereits von Windhosen erwischt wurden, lässt sich nicht mit Sicherheit beantworten. Eine Anfrage bei Schiffsversicherern ergab, dass ihnen solche Fälle nicht bekannt sind.

Kürzlich las ich über Gran Canaria, dass dieses Revier wegen »gefährlicher Wirbel« schwierig sei.
Gibt es *Wirbel* im Meer und welcher ist der größte?

Strömungen verursachen kräftige Wirbel, etwa wenn sie auf Hindernisse wie Inseln oder Untiefen stoßen. So der Kanarenstrom, der mit etwa 30 Zentimetern je Sekunde von Norden her auch Gran Canaria umfließt. Selbst bei dieser geringen Geschwindigkeit entstehen im Lee, also im Süden der Insel, etwa 50 Kilometer durchmessende und Hunderte Meter tiefe Wirbel. Für Segler stellen sie keine

Gefahr dar. Weit unangenehmer sind Düsen- und Kapeffekte, die zwischen Inseln und an Landvorsprüngen durch plötzlich drehende Winde verursacht werden. Andere Wasserwirbel sind seit alters her gefürchtet. Vor Norwegens Westküste, in der Nähe der Lofoten, rufen Gezeitenströme besonders viele Strudel hervor. Bereits auf der 1539 erschienenen *Carta marina*, der ersten detaillierten Karte Skandinaviens, zeichnete Olaus Magnus den Moskenes-Strom ein und schrieb: »An dieser Stelle quillt die See während der Flut in den Höhlen hervor und fällt wieder bei Ebbe, mit einer so gewaltigen Kraft, als kämen Sturzbäche oder rasende Flüsse herabgestürzt. Diejenigen, die zum falschen Zeitpunkt fahren, werden plötzlich in wirbelnde Abgründe herabgerissen.« Auch Edgar Allan Poe, Jules Verne und – in jüngerer Zeit – Walter Moers setzten dem Moskenesstraumen in Norwegen ein literarisches Denkmal. Und alle drei übertrieben maßlos. Einen alles verschlingenden Strudel beschrieben sie, mit steil abfallenden Wasserwänden bis auf den felsigen Grund. Wenn auch nicht ganz so gefährlich, wie dargestellt, so versank doch schon manches Schiff in dem bis zu 18 km/h schnellen Gezeitenstrom zwischen den beiden Inseln Moskenesøya und Værøy. Ganz in der Nähe des Moskenesstraumen wirbelt auch der Saltstraumen, zwar etwas langsamer mit nur 13 km/h, aber sein Volumen ist größer: Viermal täglich drängen 400 Millionen Kubikmeter Wasser durch den nur 150 Meter breiten und drei Kilometer langen Saltfjorden südöstlich von Bodö. Die sagenhafte Erklärung für beide Wirbel geht so: Der dänische König Frodi hatte zwei Mühlsteine, die alles herbeimahlen konnten, was man sich wünschte – nur waren sie so groß und schwer, dass niemand sie drehen konnte. Da kaufte er sich zwei Riesinnen, die er anhielt, ihm Glück, Frieden und Wohlstand herbeizumahlen. Nachdem er sie als Sklavinnen an die Mühle gekettet hatte und ihnen keine Rast gönnte, die länger war, als ein Kuckuck rief oder ein Lied dauerte, sannen sie auf Flucht. Sie mahlten sich einen mächtigen Krieger samt Heer herbei, der prompt König Frodi erschlug. Nur leider änderte er nichts an ihren Verhältnissen, sondern zwang sie noch auf der Schiffsreise gen Heimat, ihm wertvolles Salz herbeizumahlen. Dies taten sie dann auch so lange, bis das Schiff unter dem Gewicht sank. Mann und Maus ertranken, nur die Riesinnen nicht. Sie sitzen noch heute auf dem Grund des Meeres, an die Mühle gekettet und mahlen im Sechsstundentakt Wasser und Salz durch die Meerengen. So erklärt die Sage nicht nur das Salz im Meerwasser, sondern auch gleich noch die Entstehung der Gezeiten.

Z

Wie erzeugen *Zitterrochen* ihre Stromstöße?

Mehr als 200 Fischarten produzieren elektrische Energie, wenn sie auf Beutefang gehen oder sich gegen Feinde verteidigen – so auch die Zitterrochen. Zwischen Brustflossen und Kopfbereich verfügen diese Rochen über zwei sich gegenüberliegende, nierenförmige elektrische Organe. Diese bestehen aus einer Vielzahl umgewandelter Muskelzellen, den sogenannten Elektroplaxen. Diese Zellen sind säulenartig angeordnet. Sie sind hauchdünn und haben einen Durchmesser von bis zu fünf Millimetern. Jede Säule besteht aus mehreren hundert Elektroplaxen, und jedes der beiden elektrischen Organe enthält viele hundert solcher Säulen. Bei Gefahr oder auf Beutejagd wirken die Elektroplaxen wie eine lange Reihe miteinander verbundener Miniaturbatterien, die gleichzeitig entladen werden, wobei deren Spannungen sich addieren. Zwar sind die durch nervöse Impulse ausgelösten Stromstöße nur sehr kurz, doch die Gesamtspannung der vielen Zellen kann sich auf bis zu 60 Volt belaufen. Manche Autoren gehen gar von bis zu 200 Volt aus. Hinzu kommt, dass nicht nur ein Stromschlag ausgeteilt wird. Bei jagenden Pazifischen Zitterrochen wurden 150 bis 200 Stromstöße pro Sekunde beobachtet. Das kann auch für Menschen äußerst schmerzhaft und gefährlich werden. Gleichwohl ist die Gefahr eines lebensbedrohenden Herzstillstands nur gering. Dafür wären Stromstöße von bis zu 400 Millisekunden notwendig. Die einzelnen Stromstöße der Zitterrochen dauern zum Glück indes maximal fünf Millisekunden.

Stichwortregister

R

S